ID# 安德烈・莫洛亞的

情感與風俗

筆記版

安德烈・莫洛亞 著

伊莉莎 編譯

解讀婚姻、家庭、友誼與社會制度的真諦，
塑造人類幸福的內心世界

「愛情真正的元素只是自由。它與服從、嫉妒、恐懼，都是不兩立的。
它是最精純的，最完滿的。
沉浸在愛情中的人，是在互相信賴的而且毫無保留的平等中生活著的。」
——雪萊

**從情感關係到社會責任，
解讀人生中的情感羈絆，挖掘幸福本質與內心安定**

目錄

前言

人類生活的藝術

失落的時代：文明的悖論

  農村的韌性與社會的重心 …………… 018

  夫妻制度的千年探索 …………………… 021

  婚姻的枷鎖與孤獨的力量 ……………… 024

  追尋理想的羚羊眼：唐璜的內心世界 … 026

  追尋幸福的多樣途徑 …………………… 029

  婚姻的真諦：超越欲望與理智的結合 … 033

  性格的歧義與婚姻的和諧 ……………… 036

  女性的力量與文明的平衡 ……………… 039

  創造者的抉擇 …………………………… 041

  婚姻的島嶼 ……………………………… 044

  婚姻的每日重生 ………………………… 047

目錄

　　心靈的共舞：婚姻中的愛與友誼 ……………… 049

　　婚姻的真諦 …………………………………… 052

家庭：愛與煩惱的交織

　　母愛的力量與家庭的基石 ……………………… 056

　　家庭的自私主義與隱祕世界 …………………… 059

　　家庭中的平凡與不凡 …………………………… 062

　　早期教育的重要性 ……………………………… 065

　　溺愛與尊重：家庭關係的微妙平衡 …………… 068

　　青春與經驗的碰撞 ……………………………… 071

　　家庭與友誼：兩種不可或缺的社會連繫 ……… 074

　　隱藏的羈絆：家庭與愛情的無聲抗爭 ………… 077

愛與友誼的微妙界限

　　強制與友誼的持久之道 ………………………… 083

　　友誼的微妙平衡 ………………………………… 086

　　友誼的真諦：無私的交往 ……………………… 088

　　信任的藝術 ……………………………………… 092

　　友誼的永恆選擇 ………………………………… 094

真摯友誼的試煉 …………………………………… 097

友誼的試煉 ………………………………………… 100

友誼與愛情的微妙平衡 …………………………… 102

友誼與愛情的交錯 ………………………………… 105

男女之間的情感界限 ……………………………… 108

靈魂的契約：宗師與信徒的深刻聯結 …………… 110

精神的友誼與思想的引導者 ……………………… 113

友誼的織網：文明的基石 ………………………… 115

變遷中的制度與挑戰

迎接未知的未來 …………………………………… 121

自然秩序中的經濟獨立 …………………………… 124

資本怪獸與經濟神話 ……………………………… 127

社會之變：從有機體到複雜機器 ………………… 129

權威與自由的永恆平衡 …………………………… 131

技術革新與權力轉移的歷史軌跡 ………………… 133

腐化的根源與社會的防禦 ………………………… 136

模仿與變革：德國在戰間期的轉型 ……………… 138

議會制度的多樣性與演變 ………………………… 141

目錄

法國法律與國民靈魂的辯證……………… 144
法國議政的微妙平衡………………………… 147
重拾土地的呼喚……………………………… 149
工業自律：歷史的回顧與未來的探索……… 152
英國經濟：從自由放任到計畫經濟的轉折…… 154
逐浪而行：歷史中的平衡與變革…………… 157

幸福的永恆矛盾

幸福的靈光…………………………………… 160
面對現實的哲學……………………………… 163
未竟之夢的美好……………………………… 165
命運的選擇與靈魂的責任…………………… 168
和諧的內心世界……………………………… 170
幻想的雙刃劍：未來的恐懼與當下的幸福…… 173
未來的幻影：恐懼與現實的交錯…………… 175
悲傷中的執迷與救贖………………………… 178
心靈的藥方：旅行與音樂…………………… 180
擺脫悲哀的藝術……………………………… 183
行動中的和諧………………………………… 186

活在當下的智慧 ……………………………… 188
英雄主義與明哲的辯證 …………………… 190
愛的奇蹟 ……………………………………… 193
明智與衝突：人類本能與宗教的調和………… 196
幸福的追尋：從尋找中獲得啟示……………… 198

目錄

前言

在這個快節奏、瞬息萬變的時代,我們每個人都在尋求一種持久的幸福。然而,幸福並非一蹴而就的目標,而是一種需要持續練習和反思的生活藝術。本書正是為了探討這個古老而又現代的課題而誕生,旨在引導讀者深入思考生活中那些看似平凡卻至關重要的關係。

在這本書中,我們首先面對的是婚姻,這一人類最古老的社會制度。婚姻不僅僅是兩個人之間的結合,它更是社會結構中的一個重要支柱,承載著文化、宗教和歷史的重量。隨著時代的變遷,婚姻的形式和功能也在不斷演變。這要求我們重新審視婚姻在現代社會中的角色,理解其對個人幸福的影響,以及如何在其中找到平衡和滿足。

接著,我們進一步探討父母與子女之間的關係。家庭是每個人最初的學校,是價值觀和行為模式的起源地。父母與子女的互動不僅是愛與責任的展現,更是一場充滿挑戰的旅程。在這段旅程中,如何在愛與自由之間取得平衡,如何在教導與傾聽中建立穩固的信任,成為我們必須面對的課題。

友誼作為人類情感的一種純粹形式,則提供了另一種視

前言

角。友誼不受血緣的限制,卻在我們的生命中扮演著重要的角色。它的力量在於自願性和互惠性,為我們的生活提供心靈的支持和慰藉。在這個快節奏的世界中,真正的友誼顯得尤為珍貴。我們需要學會如何維持和發展這些關係,以確保它們能夠在我們的生命中持續發揮作用。

當我們把目光轉向政治機構與經濟機構時,我們發現這些看似遙遠的系統實際上對我們的日常生活有著深刻的影響。它們的設計和運作方式直接關係到我們的自由、幸福,以及整個社會的穩定。在這個部分,我們將探索如何在這些機構中發揮積極作用,以促進個人和社會的共同福祉。

幸福作為人類的終極追求,常常被視為一種狀態,但更準確地說,它是一個過程,是在追求目標的過程中體驗到的滿足與喜悅。幸福的定義因時代和文化而異,但其核心始終是對生活的深刻理解和對自我價值的認可。在這本書的最後部分,我們將深入探討如何在日常生活中實踐幸福,並從中汲取力量。

本書所提供的不僅僅是理論上的智慧,更是一種實踐上的指導。希望透過這些深入的探討,讀者能夠獲得一種新的視角,從而在面對生活的複雜性時,能夠更加從容自信地迎接挑戰。在這趟心靈之旅中,願每位讀者都能找到屬於自己的答案,並從中獲得啟發和力量。

在這趟旅程中,我們不僅僅停留於表面現象,而是深入探

討人際關係和社會結構如何影響我們的幸福感。我們的目光不僅限於個人生活，還延伸到更廣泛的社會背景，從而揭示出幸福不僅是個人選擇的結果，更是社會環境的反映。

書中提供了多種思考工具和策略，幫助讀者在日常生活中應對挑戰，從而提升幸福感。這包括如何在家庭、友誼和社會機構中找到意義，如何在面對困難時保持心理韌性，以及如何在不斷變化的世界中保持內心的平和。

我們還會探討幸福的心理學和哲學基礎，並結合現代科學研究，提供一個全面的視角來理解幸福的本質。這些知識不僅幫助我們更容易理解自己，也讓我們能夠更有效地與他人建立充滿意義的連繫。

作者強調持續的自我反省和成長，並鼓勵讀者在生活中實踐所學，從而實現個人和社會的和諧。透過這本書，我們希望每位讀者能夠學會如何在現實中創造幸福，而不僅僅是追求理想中的美好生活。

最終，這本書是一個邀請，邀請每位讀者參與到幸福的創造過程中。它鼓勵我們不僅關注個人的幸福，也要努力促進集體的福祉。願這本書能成為你生活中的一盞明燈，指引你走向更充實、更幸福的未來。

前言

人類生活的藝術

在人類漫長的歷史中，我們一直在尋求生活的智慧，試圖理解我們與配偶、家庭及國家的關係。這些關係的本質是什麼？我們應該如何在其中生活？這些問題是本書的核心所在，旨在以最具體、最簡單的方式對若干主要問題進行闡發。書中的五個演講，力求以自然的語氣呈現，讓讀者在輕鬆的閱讀中獲得啟發。

首先，我們需要將目光投向婚姻——這個人類社會中最古老、最普遍的制度之一。婚姻不僅僅是兩個人的結合，它承載著文化、宗教和社會的多重意義。從古至今，婚姻的形式和功能不斷演變，反映出社會價值觀和個人需求的變遷。在這一章中，我們將探討婚姻的本質以及其在現代社會中的角色。

接下來，轉向父母與子女的關係。我們生而為人，最初的啟蒙和價值觀大多來自於家庭。父母與子女之間的關係，是愛與責任的展現，但同時也充滿了挑戰和衝突。如何在愛與自由之間找到平衡？如何在教導與傾聽中建立信任？這些都是我們

人類生活的藝術

在這一章中將深入探討的問題。

友誼是人類情感的一種純粹形式,無關血緣,卻常常在我們的生命中扮演重要角色。友誼的力量在於它的自願性和互惠性。它不僅是心靈的慰藉,更是生活的支持。在快節奏的現代社會中,如何維持和發展真正的友誼?這一章將引導我們重新審視友誼的價值。

政治機構與經濟機構是人類社會執行的基石。它們影響著我們的生活方式、自由和幸福。政治制度的設計和經濟政策的制定,直接關係到個人的福祉和社會的穩定。在這一章中,我們將探討這些機構如何影響我們的日常生活,以及我們如何能夠在其中發揮更積極的作用。

幸福是人類永恆的追求,但它的定義卻因時代和文化而異。對於幸福的理解,不僅涉及物質的滿足,還包括精神的充實和心靈的平和。幸福不是一種狀態,而是一種過程,是在追求目標的過程中感受到的滿足與喜悅。在本書的最後一章,我們將深入探討幸福的本質,以及如何在繁忙的生活中找到屬於自己的幸福。

在這些探討中,我們將秉持孔德(Auguste Comte)所言:「理論上的明智當與神妙的實際的明智融會貫通」。理論與實踐的結合,將使我們更容易理解人類在各種環境中的生活狀況,並從中汲取智慧。希望本書能夠為讀者提供一個新的視角,讓

我們在面對生活的複雜性時，能夠更加從容自信。

　　作者以其敏銳的洞察力和深刻的思考，為我們展現了一幅豐富的人生畫卷。希望隨著書中思緒的流動，您能夠在這趟心靈之旅中，找到屬於自己的答案，並從中獲得啟發和力量。

人類生活的藝術

失落的時代：文明的悖論

在這個充滿變革與動盪的時代，若仔細觀察人類的行動與反應，便會感受到一種深刻的苦悶與無力感。似乎整個社會都捲入了一場集體的錯誤之中，這錯誤是由大家共同參與、卻無人能真正阻止或糾正的。普遍的失業、饑荒、人權的被剝奪與公開的暴力行為，這些現象在我們這一代再次抬頭，令人不禁懷疑：為何那些曾被前幾代人所克服的古老災禍，會在今時今日重現？

這悲劇的原因之一，或許在於現代國家結構的根基被侵蝕了。在原始的共產時代過去後，文明社會的基礎細胞究竟是什麼？在過去的經濟體系中，這基礎是由小農經營的農莊所構成，這些農莊是農民賴以維生的單位。如果沒有這些親手餵養牲畜、耕種田地的農民，國家便難以持續生存。美洲便是一個悲劇性的例子。儘管擁有最先進的工廠和最現代化的機器，它卻同時面臨著一千三百萬的失業者。這一切的根源何在？

這些高度複雜的機器已經變得幾乎讓人無法理解。人的精

失落的時代：文明的悖論

神無法跟上機器的快速運作，社會的基本細胞被無情地破壞殆盡。農村的消亡導致了城市的過度擁擠，工業化的程序雖然帶來了生產力的巨大提升，卻也使得許多人失去了賴以為生的土地與工作。這種工業與農業的失衡，正是導致當前社會動盪的根源之一。

這樣的文明悖論，讓人不禁思考：我們是否走在一條錯誤的道路上？過去五十年，西方國家曾成功地避免了最悲慘的災禍，而如今，為什麼混亂與暴力再度抬頭？或許，解決之道在於重新認識和重建我們曾經忽視的社會基礎，恢復那些曾經支撐我們文明發展的小農經濟，以此來平衡工業化帶來的衝擊，並尋求一條更為和諧的未來之路。

農村的韌性與社會的重心

在美國廣袤的土地上，農業並非缺席，但那些廣大無邊的農莊往往不由其主人親自掌控。當成堆的麥子和棉花堆積如山時，誰能預料到這些豐收的果實可能會瞬間變得過於豐盈？在小農家庭中，幾千年的經驗和當前的需求構築了一個有條不紊的生活模式。這些自給自足的農民族群深知自己的需求，當遇到豐收之年，產品能順利銷售時，便能奢侈地購買一件新衣或一輛腳踏車。但若遭遇歉收，消費便自然縮減，然而至少還能

確保有飯可吃，生活得以繼續。這一切由一種簡單而自然的本能所支配，形成了一個穩定的社會基石，調節著國家的執行。

這種經濟結構的基本形式，也反映在社會結構中。改革者常試圖打造一種新型社會，以其他情感取代家庭情感，例如民族主義、革命精神、軍隊或工人的友誼。然而，無論時間長短，家庭總會經歷重組。從柏拉圖（Plato）到近代的思想家，儘管作家們可以對家庭進行批判，卻無法真正消滅它。短期內，新的主義或許能壓制家庭的影響，但精神上的恐慌隨之而來，這與經濟恐慌同樣不可避免。最終，人類依然會回歸自然的聯結，渴望從中汲取情感，就如同從土地中獲取糧食一般。

在這樣的背景下，家庭不僅僅是個人的避風港，更是社會穩定的核心。它承載著文化、傳統和價值觀，成為人們在動盪時代中的精神支柱。當改革的浪潮試圖改變這一切時，家庭的韌性和其在社會中的地位往往被低估。儘管社會變遷不可避免，但家庭的基本結構和其所提供的情感支持，始終是人類社會中不可或缺的力量。因此，在這個快速變遷的世界中，家庭不僅僅是個人的堡壘，更是整個社會的重心和穩定的基石。

在任何想要統治人類的過程中，領袖們必須時刻銘記簡單本能的力量。這些本能包括飢餓、欲望和母愛，它們是社會執行的重要調節器。現代社會的穩固，必須建立在這些基本本能之上，否則就如同在沙土上建造高樓，無法長久屹立不倒。

思想與行動之間的連繫是最難以確立的。沒有思想的行動如同機器運轉，缺乏人性和靈魂。而沒有行動根基的思想，則常常過於理想化，忽視現實的重重挑戰。這樣的思想可能會在想像中創造出一個美妙卻虛幻的王國，能夠重新分配財富、改變社會風俗、甚至解放人類的愛情。然而，現實的世界並不會如此輕易地被改變。無論是政治家還是道德家，都無法將一個國家徹底改造，正如外科醫生無法完全重塑人體結構一樣。

　　他們的責任在於澄清現狀，創造有利於回歸健康的條件。他們必須尊重自然法則，允許耐心、確實且強而有力的生命力量來重塑那些已死去的細胞。這是一個緩慢而神祕的過程，需要時間和智慧。只有在這樣的基礎上，社會才能在變革中保持穩定，並在不斷進步中迎接未來的挑戰。

　　因此，領導者在面對現代社會的複雜性時，必須學會在本能與思想之間找到平衡。他們需要在尊重人類基本需求的同時，推動思想的進步與行動的有效結合。這樣，他們才能塑造一個既充滿活力又穩固的社會，讓人類在變遷中不斷前行，走向更加光明的未來。

夫妻制度的千年探索

在這個紛擾的世界中，人類總是尋求某種制度來穩定社會，避免墮入瘋狂與混亂。幾千年來，婚姻制度無疑在其中扮演著重要角色。我們從夫妻關係開始探討這個問題。正如拜倫（Byron）所言：「可怕的是，既不能和女人一起過生活，也不能過沒有女人的生活。」這句話深刻地揭示了男女之間的微妙平衡與矛盾。

自古以來，人類一直在思考，什麼樣的婚姻制度才能讓男女和諧共處。一夫一妻制是解決之道嗎？歷史上，這個問題引發了無數的爭論與討論。支持者認為，一夫一妻制提供了穩定的家庭結構，有助於子女的養育和社會的穩定。然而，反對者則指出，這種制度可能壓抑了人類的天性，並且在某些情況下導致不滿與不忠。

在文學作品中，拉伯雷（François Rabelais）曾將這些不同的意見彙集起來，透過角色對話來展現婚姻的複雜性。在他的一部作品中，巴努希（Panurge）向龐大古埃（Pantagruel）徵詢關於結婚的意見。龐大古埃的回答簡潔而深思：「既然你擲了骰子，你已經下了命令，下了堅固的決心，那麼，再也不要多說，只去實行便是。」這段對話意味深長，指出了婚姻中決策的重要性以及接受其後果的勇氣。

失落的時代：文明的悖論

在現代社會，婚姻制度依然面臨挑戰。隨著社會的變遷，對婚姻的定義和期待也在不斷演變。多元化的家庭結構、性別平等的呼聲、以及個人自由的重視，使得傳統的一夫一妻制受到更多的審視與反思。

然而，無論制度如何變遷，婚姻的核心始終在於兩個人之間的理解、尊重與愛。真正的挑戰在於如何在制度的框架內，找到屬於彼此的和諧共處之道。這或許是人類在千年探索中，所能尋求的最寶貴的答案。

「我表示同意，」龐大固埃答道，「而且我勸你這樣做。」巴努希苦惱地反駁：「可是，如果你知道最好還是保留我的現狀，不要翻什麼新花樣，我更愛不要結婚。」龐大固埃冷靜地回答：「那麼，你便不要結婚。」

巴努希的內心矛盾不已：「是啊，但是，這樣你要我終生孤獨沒有伴侶嗎？所羅門經典上說，『孤獨的人是不幸的。』單身的男子永遠沒有像結婚的人所享到的那種幸福。」龐大固埃不以為然：「那麼天啊！你結婚便是。」

巴努希仍然猶豫不決：「但，如果病了，不能履行婚姻的義務時，我的妻子，不耐煩我的憔悴，看上了別人，不但不來救我的急難，反而嘲笑我遭遇災禍，（那不是更糟！）竊盜我的東西，好似我常常看到的那樣，豈不使我完了嗎？」龐大固埃再次堅定地回答：「那麼你不要結婚便是。」

巴努希無奈地嘆道：「是啊，但我將永沒有嫡親的兒女，為我希望要永遠承繼我的姓氏和爵位的，為我希望要傳給他們遺產和利益的。」龐大固埃再次重申：「那麼天啊，你結婚便是。」

在雪萊（Shelley）的時代，如同拉伯雷的時代一樣，男子極難將願欲、自由不羈的情操，與那永久的結合——婚姻——融和一起。雪萊曾寫道：「法律自命能統御情欲的不規則的動作；它以為能令我們的意志抑制我們天性中不由自主的感情。然而，愛情必然跟蹤著魅惑與美貌的感覺；它受著阻抑時便死滅了；愛情真正的原素只是自由。它與服從、嫉妒、恐懼，都是不兩立的。它是最精純的，最完滿的。沉浸在愛情中的人，是在互相信賴的而且毫無保留的平等中生活著的。」

在這樣的情感漩渦中，巴努希面臨著一個艱難的選擇：是追求自由，還是承擔婚姻的責任。他的掙扎反映了人類心靈深處對於孤獨與聯結的永恆追尋。婚姻似乎是一種矛盾的存在，既是愛情的歸宿，也是自由的牢籠。巴努希的困境揭示了這種兩難，讓人不禁思索，何為真正的幸福？

失落的時代：文明的悖論

婚姻的枷鎖與孤獨的力量

蕭伯納在一百年後重新探討婚姻的本質時，提出了一個引人深思的觀點：「如果結婚是女子所願欲的，男子卻是勉強忍受的。」在他的《唐璜》（*Don Juan*）中，他坦言自己對女性的表述雖常遭批評，卻也因此聲名遠播。他提到，女性對他的戀愛方式多有微詞，認為若他能更體面地表達情感，她們或許會接受。然而，蕭伯納質疑這種限制的必要性，認為若女性擁有財產，他應當欣然接受；若無，他應將自己的貢獻給予她，並樂於接受她的交往圈及言談，直至終老。但他坦言，這種期望對他而言並不現實。他認為，若女性的智慧不及或不超過他，她的談吐可能會令他厭煩，而她的交往圈甚至可能讓他無法忍受。他無法保證自己的情感能持續一週，更遑論一生。他的提議與這些問題無關，僅是基於對女性的自然衝動。

這引發了對婚姻制度的質疑：為何要將易於消逝的情感固定在婚姻的框架中？肉體的愛，與飢渴一樣，是自然本能，但愛的恆久性並非如此。如果有些人對於情感的需求必須變化，那麼為何要有終生的誓言來束縛？

此外，有觀點認為婚姻削弱了男性的勇氣和道德力量。吉卜林（Rudyard Kipling）在《凱芝巴族的歷史》（*l' Histoire des Gadsby*）中描述凱芝巴大尉因成為好丈夫而成為壞軍官。拿

破崙也曾提到，許多男性的犯罪源於對女性的示弱。白里安（Aristide Briand）則堅持政治家不應結婚：「為何我能在艱難的歷程中，保持清明的意志？因為我晚上能忘記白天的鬥爭，身旁沒有一個野心勃勃的妻子提醒我同僚的成功，或傳達別人對我的批評……這是孤獨者的力量。」

婚姻，被認為加厚了社會的癲狂，使男子更為懦弱。這種制度是否真正符合人類的本性，仍是一個值得深思的問題。或許，在孤獨中尋求力量，能讓人更自由地追尋自我，而非被婚姻的枷鎖所束縛。

在歷史的長河中，婚姻這一制度如同一艘堅韌的船，經歷著無數的風暴而未曾沉沒。儘管教會和倫理家們對婚姻的觀點各有不同，甚至有人認為哲學家的婚姻是可笑的，因為他們可能無法擺脫配偶的影響。然而，這些質疑並未能動搖婚姻的根基。

婚姻能夠長久存在的原因之一在於它與人類的生存本能密切相關。人類天生具有自私的傾向，渴望利用他人來保障自己的舒適與安全。要馴服這種自私性格，必須依賴一種與生存本能相等而相反的力量。在早期的部落社會中，集體生活的色彩濃厚，游牧生活的本能便是這種力量的展現。然而，隨著疆土的擴大和國家的安全，個人的自私性也日益增強。

在這樣的背景下，人類之所以能建造出龐大而複雜的社

會,依賴的是兩種強烈的本能:性的本能與母性的本能。這兩者共同構成了社會的基石,特別是在小集團中,利他主義更容易得到實現。愛的偉大之處在於它能將個人宇宙化,讓人們願意在幾天內與一個使自己歡喜的人共同生活。

然而,如此容易更換對象的性本能,如何能夠支持一個持久的社會細胞呢?答案在於婚姻這一制度的設計。婚姻是繫於本能的契約,早在人類定居之前,游牧生活中的直覺便已迫使人們在願欲的驅使下立下誓言,並受其約束。儘管在文明的初期,婚姻形式多樣,包括母權社會、多妻制及一妻多夫制,但隨著時間的推移,這些原始形式逐漸演化為保障永續性的契約,保護女性免受欺凌,並確保幼兒的成長與老者的安養。

於是,婚姻成為社會組織的基礎細胞,承載著人類對愛與承諾的追求。它不僅是個人之間的連繫,更是社會穩定與延續的象徵。儘管面對各種挑戰,婚姻依然屹立不倒,因為它深植於人類的本能與契約之中,成為愛與責任的永恆見證。

追尋理想的羚羊眼:唐璜的內心世界

唐璜這位被譽為浪蕩子的角色,常被誤解為不知廉恥的象徵,但其實他更像是一位失望的感傷主義者。他所追求的並非單純的肉體享樂,而是那永遠無法觸及的理想之愛。這種愛是

藝術家們筆下的完美化身：輕盈而美妙，晶瑩而純潔，舉手投足間充滿魅力，言辭皆是可愛，思想細膩入微。這樣的女人存在於詩歌、畫作與旋律之中，卻鮮少在現實世界出現。

唐璜與拜倫這樣的角色，並非因為本能驅動而追求多重伴侶，而是因為不滿於現實的平庸，惱怒的想像促使他們去一再刺激自己的感官。然而，這種追尋並不僅僅是為了滿足欲望，而是因為他們心中懷抱著一個無法實現的理想。他們渴望找到那位能夠超越現實的女性，卻在每次接近中發現失望。

拜倫也在他的生命中不斷尋找著這樣的典型：溫柔如羚羊，眼神既羞怯又能洞察人心，天真而賢淑，既肉感又貞潔。這樣的女子能夠理解他的思想，卻不至於過於聰慧到希望自己成為眾人欽佩的焦點。當拜倫遇見一位令他心動的女子時，他會真心希望她成為他生命中的女神。然而，隨著認識加深，他不免發現她與其他人一樣，受到人類本能的支配，性情隨著健康而變遷。她也會飲食，而這是拜倫最不願見的行為，因為這提醒著他她的凡俗和現實。

在這樣的失望中，唐璜與拜倫選擇逃避。這並非出於不忠，而是因為他們心中那無法被滿足的理想始終未曾實現。他們的故事告訴我們，追尋自由與幸福，無疑是人類的本能，但當理想與現實之間的差距過於遙遠時，這種追尋便成為一種無盡的惆悵。而在這無盡的追尋中，唐璜與拜倫或許比其他人更

自由,卻未必更幸福。

婚姻,這個古老而又普遍的制度,常常被理想化為愛情的終極表現。然而,現實中的婚姻卻充滿了爭執、嫉妒和趣味的歧異。這些問題在每一段關係中都不可避免地存在,使得婚姻成為一道難以忍受的羈絆。即便是在自由的婚姻中,這種束縛感依然存在。李斯特(Franz Liszt)和達古夫人(Mme d'Agoult)的故事便是一個典型的例證,他們的關係因嫉妒和不安全感而變得更加複雜。

在《安娜‧卡列尼娜》(Anna Karenina)中,安娜和佛倫斯基的私奔也是如此。佛倫斯基感到前所未有的壓力,因為他的情人深怕失去他。這種壓力在婚姻中或許不會那麼強烈,因為婚姻有一套社會制度作為支撐。但在婚外情中,兩人之間缺乏這種穩定的連繫,使得一切都變得不確定。每一次的爭吵都可能成為分手的導火線,因為雙方都在懷疑:「這是否就是結束了?」

在這種情況下,逃避似乎成為唯一的解脫之道。佛倫斯基和拜倫都曾經試圖逃避他們的情感困境,但這種逃避並沒有真正解決問題。拜倫甚至希望能夠恢復他與社會的關係,這樣的渴望顯示了婚姻制度在某種程度上的必要性。即使在無法離婚的國家中,婚姻仍然提供了一種穩定的框架,使得男女能夠達到某種程度的完滿結合。

婚姻的價值在於它的永續性。一段持久的婚姻能夠讓人更深入地了解彼此，也幫助他們更容易理解其他人。相比之下，像唐璜這樣的角色，他們的生活中只有理想化的愛情和敵對的情感，這使得他們對人生的理解較為膚淺。

蒙泰朗（Montherlant）在《獨身者》（*Les Célibataires*）中描繪了孤獨生活的自由和局限。他描述那些選擇單身生活的人，雖然擁有無拘束的生活方式，但他們對現實世界的認知卻顯得狹隘。這種孤獨就像一顆繫著寬緊帶的球，總是彈回到自身，而無法真正融入現實。

對於普通人來說，婚姻或許是解決生活問題的一種方式。它提供了一個穩定的環境，使人能夠在其中成長和學習。當然，這並不意味著婚姻是唯一的出路，但在目前的社會結構中，它仍然是一個重要的選擇。婚姻的挑戰在於如何在這種制度中找到真正的自由與幸福。

追尋幸福的多樣途徑

在現代社會中，有一些人試圖透過放縱的生活來尋找幸福。這種生活方式常被文人描繪，然而深入研究後，我們發現這種生活其實充滿了恐懼和悲慘。那些恣意放縱的人不承認願欲是一種強烈而穩固的情感。他們重複著機械般的快樂，這種

快樂只能暫時讓他們忘卻絕望，就像鴉片或威士忌一樣。然而，情感並不是從抽象中產生的，也不是自然繁殖的。這些人常常自以為沒有強烈的情感，即使有，也是厭世求死之心，這種心態與放浪形骸的生活方式密不可分。

在性方面的精緻並不會帶來情感上的精緻。幻想可以創造出正常性接觸之外的一切不可能的變化，但這些變化所能產生的情感效果總是相同的：屈辱和卑微的悲哀。至於更新換舊的結合方式，我們已經看到這種方式如何使問題更加複雜化。它使人們在即將步入暮年的時候孤獨無伴，使孩子們失去應有的幸福。一夫多妻制呢？這種制度的文明往往被一夫一妻制的文明所征服。現代土耳其已經放棄了多妻制，這使得其人民在體格和精神上都得到了復興。

至於自由婚姻或合法的亂交，我們可以看看俄國近幾年的風化演變。革命初期，許多人試圖取消婚姻，或使婚姻變得脆弱。但到今日，尤其是在女性的影響下，持久的婚姻再次獲得重視。在曼奈的書中，我們讀到一些想要避免婚姻的青年男女試圖共度生活的故事。其中一位女性寫信給她的丈夫說：「我要一種個人的幸福，小小的，簡單的，正當的幸福。我希望在安靜的一隅和你一起度日。」這種對於人類基本需求的認知已經被普遍接受。

還有其他的解決方法嗎？例如，探求合法結合的新方式。

在美國，一位名叫林賽（Lindsay）的法官曾提出一種「伴侶式」結合，讓年輕男女在生下第一個孩子後再決定是否永久結合。然而，這種方法也犯了同樣的錯誤，過於依賴制度的創造，而忽略了情感的自然發展。

實際上，一夫一妻制的婚姻，在某些國家中透過離婚得到救濟，在某些國家中透過不忠得到調劑，成為西方社會中對大多數人不幸事件發生最少的解決方法。人們如何選擇終生的伴侶呢？首先要問的是，人們是否真的有選擇的自由。在原始社會中，婚姻通常是透過俘虜或購買來決定的。強壯或富有的男人選擇，而女性則被選擇。在 19 世紀的法國，大多數婚姻是由他人安排的，這些安排有時由教士、職業媒人或家庭成員進行，其中許多婚姻是幸福的。桑塔亞那（George Santyanna）曾說：

愛情常被描繪成一種不可抗拒的力量，然而，事實上它並不如我們所想像的那樣苛刻。大多數的愛情是由愛人自身所創造的，僅有一小部分依賴於被愛者的存在。如果某個求愛者眼中獨一無二的對象從未出現，那麼，他很可能會在另一個人身上找到近似的愛情。愛情的熱烈常常扭曲我們對彼此的真實認知，過於狂熱的愛人對婚姻往往抱有過高的期望，結果常常是失望。

美國是戀愛婚姻最普遍的國家，但也同時擁有最高的離婚率。這種矛盾在巴爾札克（Balzac）的《兩個新嫁娘》（*Mémoires de deux jeunes mariées*）中被生動地描繪出來，兩位女主角分別代表理智與熱情。勒南相信婚姻產生人生，而愛情只帶來快樂。她嫁給了一位年長而並不愛的丈夫，卻因寬容和友誼而獲得了幸福。相反，魯意絲因嫉妒而毀掉了自己的愛情婚姻，並最終自食其果。這些故事揭示了愛情與婚姻之間的複雜關係。

巴爾扎克認為，只要健康、聰明、類似的家世和環境相結合，愛情便會自然產生。這種觀點在大戰以來的法國逐漸得到印證。隨著社會的演變，「安排婚姻」的理念逐漸被自由婚姻所取代。這一變化不僅僅發生在法國，而是世界範圍內的一種普遍現象。財富的擁有與保守不再是婚姻的基礎，因為現代社會的快速變遷讓這些傳統觀念顯得幼稚而不切實際。

在這樣的背景下，年輕人的生活變得更加自由，男女之間的相遇也更加頻繁。美貌、柔和的性情、甚至運動家的活力，漸漸取代了傳統的奩資與身家，成為婚姻的考量因素。這種變化反映了社會價值觀的轉變，讓愛情與婚姻的界限更加模糊，也讓人們重新思考這兩者之間的關係。

無論時代如何變遷，愛情與婚姻的辯證關係依然是人類生活中永恆的課題。它們不僅影響個人的幸福，也反映社會的價值取向。在這個過程中，我們需要的不僅是對彼此的愛，還有對人性的理解與寬容。只有這樣，才能在愛情與婚姻的交錯中找到真正的幸福。

婚姻的眞諦：超越欲望與理智的結合

婚姻是一場持久的旅程，並不僅僅是傳奇式的愛情故事或幻想中的絕美結合。流浪騎士的愛情之所以傳奇，是因為他與心愛之人相隔遙遠，而現代的戀愛卻常常被現實的欲望所驅動。這種欲願的婚姻並不一定是建立在真摯愛情之上，這是否值得惋惜？未必如此。因為在選擇伴侶時，有時血脈的直覺比理智更為可靠。

欲願的吸引力是婚姻的一個重要起點，但並非全部。婚姻的美滿需求超越肉體吸引，包含更多的情感和精神上的契合。「吸引」這個詞彙充滿了希望，它不僅僅是對於外在美的追求。「美」是一個主觀的判斷，存在於每個賞識者的心中。某些人在別人眼中或許不夠勻稱，但他們的靈智和道德魅力卻能增添無窮的嫵媚。

真正的愛情能夠在瞬間改變戀人，使他們展現出自己最美的一面。正如鳥兒因愛情而歌唱，孔雀因炫耀而開屏，愛情賦予人們自然的魅力。即便如此，現代社會中，體力不再是婚姻中重要的保障。取而代之的是，女性和男性都在尋找新的吸引力，例如精神上的共鳴和知識的追求。

當我們觀察一個從未對科學感興趣的少女突然對生物學產生熱情，我們或許會聯想到她受到某位生物學者的影響。這樣

的轉變是積極的,因為精神與感覺的同步覺醒是自然且健康的。然而,即使兼具肉體和靈智的吸引力,仍不足以保證婚姻的美滿。

婚姻的成功不在於是理智的選擇還是基於愛情的結合,而在於雙方在訂婚期間是否擁有真誠的意志,致力於締結一段永恆的關係。過去的婚姻往往因金錢而結合,缺乏真正的情感基礎,導致男子在訂婚時只關心奩資而非妻子本身。若婚姻被當作一種嘗試,則會面臨同樣的危險。

每個人都應該在心中默誓,將起伏不定的吸引力永久固定。「我和她或他,終生締結了;我已選定了;今後我的目的不再是尋找使我歡喜的人,而是要使我選定的人歡喜。」唯有如此,婚姻才能真正超越欲望與理智,成為一段終生的承諾。

在婚姻這座複雜的建築中,木已成舟的決心是其基礎,這種決心看似可怕,但卻是持續幸福的必要條件。假如誓約不是絕對的,那麼在遇到第一次的阻礙或共同生活的困難時,夫婦便會面臨決裂的危險。這些困難往往令新婚的配偶感到驚訝,因為男女之間在思想和生活方式上的天然差異,經常被現代社會所忽視。雖然如今男女在教育、職業和權利上趨於平等,這種平等的確帶來了諸多好處,但男人不應因此忘記,女人終究是女人。

孔德曾指出,女人是感情的動物,而男人則是行動的動

物。這一觀點揭示了女性在思想與肉體的連繫上遠比男性密切。女人的思維不如男人那般抽象，因為她們的主要任務在於愛情和母性。相比之下，男人的天賦更多地展現在行動上，他們熱衷於創造、冒險、建造，甚至戰鬥。男人的心緒常隨著外界事業的成敗而起伏，而女人的情感則更多地受到生理變化的影響。

年輕的丈夫往往像巴爾札克所形容的那樣，像沐猴而冠，對婚姻生活充滿了不切實際的幻想。他們在新婚的最初階段，願意相信愛情能填滿他們的整個生命，但隨著時間的推移，內心的煩悶逐漸浮現。這種煩悶令他們質疑自己的選擇，怨自己娶了一個似乎總是病懨懨的妻子。然而，女人也在為適應這個新伴侶而痛苦不已。蜜月旅行的典型場景中，年輕的丈夫往往心煩意亂地走進旅館，而妻子則感到迷茫。

儘管這些衝突在大多數情況下並不嚴重，但需要一些情感的調劑來平復。婚姻的成功依賴於雙方不斷地更新盟誓，保持挽救這段關係的意志。唯有如此，才能在面對不可避免的困難時，攜手共度，迎來真正的幸福。這是一個需要雙方共同努力、理解與包容的過程，因為婚姻不僅僅是愛情的結晶，更是兩人共同生活的藝術。

性格的歧義與婚姻的和諧

在世間最長久、最美滿的婚姻中,性格上的深切歧義始終無法被完全消除。這些差異或許可以被接納,甚至被珍愛,但它們依然存在於彼此之間。男人常常需要征服外界的挑戰來填補內心的煩悶,而女人則在不愛或不被愛的時候感到不安。男人是天生的發明家,他若能用一架機器改變宇宙,便能獲得幸福;女人則是保守者,若能在家裡安靜地進行簡單而古老的工作,她便感到滿足。

即便在當今數以千萬計的農家中,我們仍能看到這種性別角色的展現:男人忙於拆解和組裝機器,女人則在一旁織著絨線,輕搖著嬰孩入睡。阿蘭(Alain)指出,男子所創造的一切,無不帶著外界需求的痕跡,他們的建築形式與自然現象息息相關,而女子的工作則與人體的需求緊密相連。這些無非是兩種思想性質的最簡單明瞭的標記。

男人沉醉於發明主義與理論,成為數學家、哲學家、玄學家;而女人則完全浸淫於現實之中。若她對抽象的主義感興趣,也僅僅是出於愛情的驅動,或是因絕望而來。斯塔爾夫人(Mme de Staël)為例,身為一位女哲學家,她的理論之路幾乎斷絕了她身為女人的愛情之路。最純粹的女性會話由故事、性格分析、對他人的議論及實際的枝節組成;而最純粹的男性會

話則逃避事實，追求思想。

一個純粹的男人需要一個純粹的女人來補充他，不論這女人是他的妻子、情婦或女友。正因為她的存在，他才能與種族這深邃的觀念保持恆久的接觸。男人的思想如飛騰的鷹，探索無垠的天際，卻往往空無實質，將「詞句的草稈當作事實的穀子」。女人的思想則始終腳踏實地，即便偶爾答應與丈夫在空中遨遊，她亦會攜一本小說隨行，以便在高處也能尋得人類情感與溫暖。

這種性格歧義的存在，並非貶低或抬高任何一方，而是展示了人類本質的多樣性。男女之間的差異，正是構成婚姻和諧的基石，使彼此在共同生活中得以互補與成長。

女性不喜歡抽象觀念，是她們遠離政治的原因嗎？我不這麼認為。相反，若女性參與政治，並能去除其中的抽象思想，這反而會對男性的政治運作有所助益。實用的政治和家庭管理相去不遠，而有主義的政治則顯得空洞且危險。為何要將這兩種政治混為一談呢？對女性而言，政治應該被視作樂觀的問題和衛生問題。男性卻常將其複雜化，變成系統問題和自尊問題。這樣的做法真的是男性的優勢嗎？

最優秀的男子忠於思想，最優秀的女子則忠於家庭。如果因為政黨的失誤而導致生活成本上升，甚至引發戰爭的風險，男人會護衛他的黨派，而女人則會不惜改變黨派以保障和

平與家庭。在這個時代,女性可以輕易地在學術上與男性平起平坐,甚至超越他們,為何還要談論什麼男性精神、女性精神呢?我們已經不處在那個認為博學的女子只是一件美麗的古董的時代了。

當一位女醫生和她的丈夫——他也是醫生——談話時,精神上還有什麼不同呢?只不過一個是男性,一個是女性罷了。一個年輕女子,最多能分擔一個年輕男子的精神生活,而處女們則喜歡研究和抗爭。戀愛之前的瓦爾基里(Walkyrie)是堅韌不拔的,而戀愛後的她則變得柔順無比。一位現代的瓦爾基里,一位醫科大學的女生告訴我:「我的男同學們,即使心中懷著愛情的痛苦,仍能如常診治病人。但我若是不幸,只能躺在床上哭泣。」女性只有在感情世界中生活,才能感到幸福。因此,科學教會她們紀律是有益的。阿蘭曾說:「人類的問題,在於使神祕與科學得以調和,婚姻亦是如此。」

女性可以成功地主持大企業,但這並不是她們感到幸福的任務。有一位在事業上取得巨大成功的女性曾說:「我一直尋找的是一個能承擔我全部事業的男人,而我將成為他的助手。」這的確提醒我們,女性更多時候是作為助手存在,而非開闢天地的創造者。人們可以列舉出喬治・桑(George Sand)、勃朗特姊妹(The Brontës)等天才女作家,但這些只是少數例外。女性和現實接觸更直接,但與頑強的素材抗爭卻並

非她們的長處。藝術與技巧是男性多餘精力的自然發洩,而女性真正的創造則是孩子。

女性的力量與文明的平衡

在探討女性角色時,常常忽略了那些選擇不生育的女子。然而,這並不意味著她們缺乏母性,因為母性在每一段偉大的戀愛中都存在。輕浮的女子或許對母性一無所知,但那是因為她們從未真正經歷過愛情。真正的女性崇拜男性的「力」,但她們同時也明白強而有力的男子的脆弱之處。這種理解讓她們在愛護男人的過程中,與她們所受到的愛護形成一種平衡。

有些女性能夠用一種嫉妒而溫柔的方式去掌控她們所選擇的男子,這種控制來自於她們的愛與改造的能力。即便是那些不得不扮演男性角色的女性,內心深處仍然保持著女性的立場。維多利亞女王便是一個例子,她並非一位偉大的君王,而是以女王的身分掌握權力。她的大臣們,迪斯雷利(Benjamin Disraeli)和羅斯伯里伯爵(Archibald Primrose),既是她的崇拜者,也是她的臣子。維多利亞將國家大事視如家事,將歐洲的衝突看作家庭的口角,這種家國一體的思維正是女性影響的展現。

兩性之間的平衡對於文明的發展至關重要。若一個社會缺

乏女性的影響，便可能墮入抽象和組織的瘋狂，最終需要專制來維持秩序。歷史上不乏這樣的例子，希臘文明便因為過於偏重男性的政治和玄學而崩潰。唯有女性才能引導男性回歸到簡單而實在的世界，這是愛與現實交織的地方。

兩性的合作是文明的基礎，然而，這種合作必須建立在對異性的接受和尊重之上。只有在兩性之間達成對彼此不同天性的理解和包容，才能實現真正的合作，進而推動文明的進步。女性的力量在於她們能夠平衡男性的優勢，並在這種平衡中創造出更為和諧的社會。

在現代文學與心理分析的領域中，作家與理論家們往往過度關注於性愛及其所引發的情感波動，這是他們最常犯的一個錯誤。在法國與英國的文學中，尤其在過去三十年裡，這種趨勢尤為明顯。這一時期的文學大多數來自於大都市，呈現出一種輕易獲得的繁榮景象，並且更適合女性讀者的品味。這種文學風格中，男性角色似乎遺忘了他們生命中的兩大使命之一：與其他男性攜手奮鬥，創造一個非凡的世界。

這個世界並非是為女性而設計的，而是一個自身就充滿美妙與壯麗的世界。男性為了這樣的世界，願意犧牲一切，包括他的愛情，甚至是他的生命。女性的天性傾向於性愛與母愛，而男性的天性則是專注於外界的探索與創造。這兩者之間的衝突似乎不可避免，但其實有多種解決之道。

首先是創造者的男性的自私統治。這種統治並不是壓迫，而是一種透過專注於崇高目標的實現來獲得的內在滿足。正如勞倫斯（D. H. Lawrence）所言，喚醒男性最高靈感的，並非女性，而是他們那孤寂如宗教家般的靈魂。這種靈魂使他們超脫於女性的影響，引導他們走向崇高的活動。

　　耶穌曾說：「女人，你我之間有何共同之處？」這句話並非是對女性的疏離，而是對男性內心使命的呼喚。當一名男子感受到他的靈魂啟示了某種使命或事業時，他應該有勇氣向他的妻子或母親表達這種感受，並堅持自己的道路。

　　因此，現代文學應重新審視男性的角色，強調他們在世界創造中的重要性，而不僅僅是聚焦於性愛的情感糾葛。這種轉變將使文學不僅更加豐富多元，也將更能激發男性去追求他們的崇高使命，為這個世界帶來無可比擬的美麗與價值。

創造者的抉擇

　　在藝術與家庭之間，許多創作者面臨著難以解決的矛盾。托爾斯泰（Leo Tolstoy）和高更（Paul Gauguin）的例子正是這種內心掙扎的典型表現。托爾斯泰最終選擇了逃避家庭，他的舉動看似勇敢，卻在老病加身後黯然結束。然而，托爾斯泰早已在精神上逃脫了家庭的束縛，他的思想與生活方式之間的衝

突無法調和。與之類似,高更拋棄了妻兒和財產,獨自前往塔希提島(Tahiti)尋找自我,這是一種回歸本真的過程。然而,這樣的逃避也被視為創作者的弱點。

真正堅強的創造者,能夠在不妥協的情況下讓家庭或愛人尊重其創作。歌德便是一個典範。在他的生活中,從未有女人能夠動搖他的創作使命。每當一位女子似乎要改變他的真正任務時,歌德便將她定格為藝術創作中的一部分。他將她們寫進小說或詠為詩歌,然後便離她們而去。他的選擇是果斷的,因為他深知自己的使命。

這種抉擇在現實生活中往往帶來痛苦,尤其是當環境迫使一名男子在愛情與事業之間做出選擇時。女人常感到無奈,甚至抗拒。這種情況在許多職業中都有所展現,如水手或士兵的家庭,他們經常因情操而放棄前程。貝內特(Arnold Bennett)曾在劇本中描寫過一位飛行家的掙扎:他在經歷重重困難後娶得心愛女子,這位女子才華出眾,初婚時滿懷幸福。然而,當飛行家得知競爭對手即將打破他的航空紀錄時,他的競爭心驅使他無法全心投入愛情。面對妻子的悲訴,他無法理解,或者說,他選擇不去理解。

在這樣的情境中,創作者的選擇似乎總是偏向事業或創作,因為那是他們存在的核心。這種選擇看似自私,卻也是他們成就偉大作品的動力泉源。每一位創作者都必須面對這樣的

抉擇，而他們的選擇，最終塑造了他們的命運與作品。

在歷史悠久的文化中，男子常被描繪為情感與責任之間的戰士，這種形象在古代神話和文學作品中屢見不鮮。參孫（Samson）的神話便是其中之一，講述著男子如何在情慾與使命之間掙扎。這些故事揭示了當男子讓情感凌駕於使命之上時，他們的身分便開始瓦解。海克力斯（Hercules）跪拜於翁法勒（Omphale）腳下的故事，正是這種掙扎的典範。

許多古代詩人曾歌詠那些成為愛情奴隸的男子。巴麗斯（Paris）因情感而成為不稱職的戰士，嘉爾曼（Carmen）和瑪儂（Manon）的故事則講述了愛情如何將男子引入歧途。即便是合法的婚姻，如果妻子試圖全面支配丈夫的生活，亦可能使她成為令人生畏的存在。當男子失去對創造和行動的深刻意識時，他便陷入絕望。若將女人或家庭視為生命的中心，他便失去了自我，淪為生活的奴隸。

有些男子，如威爾遜，過於驕傲，不能容忍他人的反對，因而選擇躲入崇拜他的女性族群中。這種行為背後往往隱藏著對真正鬥爭的懼怕。與人衝突時易怒，這是弱者的特徵。真正強壯的男子能欣然接受精神上的挑戰，正如古代英雄迎接刀劍的擊打一般。

然而，在一段幸福的婚姻中，女人也有她自己的天地。英雄不可能時時刻刻都保持英雄的姿態。即便是拿破崙這樣的偉

大人物，亦能在家庭中享受片刻的柔情，不因如此而失去其本色。女人的天地是愛情、情緒與同情的世界。每個男子都應在適當的時間放下防備，投入這個溫柔的宇宙，享受其中的寧靜與歡愉。

男子在白天的工作中經歷了激烈的競爭與挑戰，晚上回到家庭，進入一個截然不同的思想境界，這對身心都是有益的。真正的女子不會嫉妒男子的事業或思想生活，她可能感到不安，但會隱忍痛苦，支持丈夫的追求。正如安德洛瑪刻（Andromaque）在赫克托爾（Hector）出征時忍住淚水，她明白身為妻子的責任。

總之，婚姻中的兩人即便再聰明，再相愛，也會在生活的最初幾天面對彼此不曾預料的挑戰。然而，這正是他們共同成長的契機，是愛情與智慧的真實考驗。

婚姻的島嶼

初婚的時期常被譽為「蜜月」，這段時間裡，夫妻雙方若能在性生活方面達到和諧，便能在陶醉中暫時遺忘所有困難。這是男人犧牲朋友、女人放棄嗜好的時期。就如《約翰・克利斯朵夫》（*Jean-Christophe*）中描繪的婚期女子，她能輕鬆應對抽象的讀物，這在她生命的其他時期是難以做到的。她如夢遊

般在屋頂上行走,完全不覺得這是危險的夢境。隨後,她看見屋頂,卻並未驚慌,只是自問在屋頂上做什麼,然後回到屋子裡。許多女人在幾個月或幾年後,也回到了自己的「屋子」。

她們努力不成為過去的自己,卻發現這種努力難以持續。她們心中有個聲音告訴自己:「我想追隨他,但我錯了。我原本就不能這樣做。」而男人則沉浸在幸福中,幻想著冒險的行動。拜倫所謂蜜月後的「不幸之月」,便是這樣的頹喪。這種狀態下,怨偶便開始形成。有時,夫妻間並未完全失和,儘管彼此不再了解,但在一定距離內仍有感情。曾有一位美國女子這樣形容這種情境:「我愛我的丈夫,但他住在一個島上,我住在另一個島上,我們都不會游泳,所以永遠不會相見。」

紀德(André Gide)曾言:「兩個人可以過著同樣的生活,彼此相愛,但仍然互相覺得神祕莫測。」有時情況更為嚴重,從彼此的不理解中滋生出敵意。在飯店裡,你常會看到這樣的畫面:一對男女靜靜地坐在一張桌子前,含著敵意,用責備的目光互相凝視。這種幽密的仇恨,因為缺乏共同的言語而無法傾訴,晚上即使同床共枕,也各懷心事,男子只能聽著女子的嘆息。

婚姻如同一座島嶼,兩個人各自占據一方,若無法相互游向對方,便只能在孤獨中守望。這種隔閡是婚姻中的隱憂,若不加以溝通和理解,便可能永遠無法跨越。

婚姻是一場人生的創作，並非一場命運的賭博。許多人在面對婚姻時，常常陷入一種似乎無法解決的兩難中：是選擇與摯愛共度一生，還是害怕失去其他可能的幸福而裹足不前？這樣的討論往往無法得到明確的答案，因為婚姻的成功與否，不在於外在的條件或祝福，而在於當事人的心態和決心。

我們時常遇到那些即將步入婚姻殿堂的年輕人或老年人，他們懷著疑惑和不安，尋求他人的建議。這些對話總是充滿了矛盾與猶豫。「我應該結婚嗎？」他們問道。「你愛你的伴侶嗎？」我們反問。「當然愛，我無法想像沒有他（或她）的生活。」他們回答。「那麼，結婚吧。」我們建議。然而，他們卻又遲疑：「可是，放棄其他可能的幸福實在令人恐懼。」於是我們說：「那麼，你可以選擇不結婚。」他們又再度陷入困惑：「可是，孤獨的老年生活又讓我感到害怕。」這種來回的對話似乎永無止境，因為婚姻本身並無絕對的好壞之分，所有的成敗取決於個人。

婚姻並不是一個固定不變的結果，而是一個需要用心經營的過程。若是抱持著「也許我會贏得頭彩」的心態，那麼便是在浪費時間。婚姻應該像藝術創作一樣，需要投入心力和智慧。丈夫與妻子都應對自己說：「這是一部我們共同創作的生活小說，我們將接受彼此的不同之處，但我們要成功，我們一定會成功。」若是在婚姻開始時沒有這種決心，那麼這段關係

便不會是真正的婚姻。

正如基督教的教誨所言，婚姻的誓約在於雙方的互相承諾，而非外界的祝福。這種承諾需要勇氣和智慧，去面對生活中的種種挑戰。唯有如此，婚姻才能成為一段充滿意義和幸福的旅程。

婚姻的每日重生

婚姻是一項需要全心投入的事業，是一個需要不斷努力與重塑的過程。當一個男人或女人對你說：「我要結婚了⋯⋯如果不成功，也沒關係，反正可以離婚。」這樣的心態並不適合進入婚姻。這樣的想法，無疑是在為失敗鋪路。婚姻不是一件可以隨意嘗試的事情，它需要堅強的意志、熱烈的情感和謹慎的態度。即便具備這些條件，也沒有人能夠保證婚姻的成功，因為這不僅僅是個人的事，更關係到兩個人的命運。

在婚姻的開始，信心是必不可少的。如果一開始就缺乏信心，那麼失敗幾乎是可以預見的。婚姻不僅僅是一個設計好後就可以安枕無憂的結構，它需要不斷地被重塑和維護。無論何時，夫妻都不能懶散地認為：「我們已經成功了，現在可以休息了。」生活總是充滿了變數，常常會有意想不到的波瀾。大戰曾經摧毀了多少看似穩固的婚姻，而成年人的生活中也充滿

了各種風險和挑戰。因此，只有每天不斷重塑，才能使婚姻達到最美滿的狀態。

婚姻就像是一座花園，需要每日的澆灌、修剪和呵護。沒有哪一對夫婦能夠在婚姻中完全放鬆，因為生活中總會有新的挑戰和考驗。只有不斷地努力，才能讓婚姻持續地繁花似錦。當兩個人能夠共同面對困難，攜手度過艱難時期，婚姻才能夠真正地穩固和幸福。

因此，對於那些只是抱著嘗試心態的人來說，婚姻並不是一個值得輕率進入的選擇。這是一項需要全心全意投入的事業，需要每天的努力和付出。只有那些願意每天重塑和維護婚姻的人，才能真正享受到婚姻的甜美果實。婚姻的美好，來自於每一天的共同努力和不斷重生。

在日常生活的繁忙中，我們時常忽略了維繫關係的必要性，然而，愛情如同一座精緻的建築，需要不斷地修葺與重造。這種重造並非指無止境的分析與懺悔，而是一種更為簡單而深刻的交流方式。正如曼爾蒂（Meredith）與沙爾多納（Chardonne）所言，過度的分析只會引發無窮的爭論，讓人陷入無法自拔的泥沼。因此，真正的重造應當是以一種自然且本能的方式進行。

一個聰慧的女子不一定需要完全理解這些區別與危險，但她能憑藉直覺去感知並巧妙地化解。她知道，在某些時刻，一

個溫柔的微笑或是充滿愛意的眼神，遠比冗長的解釋來得有效。而男子也明白，有時候，無需多言，一個眼神的交流便能勝過千言萬語。這種默契的維持需要不斷的努力與心靈的交流，因為任何關係都無法在遺忘中長存。

無論是房屋還是情感，都需要經常的維護。被遺棄的房屋會坍塌，未經維護的友誼會變得淡薄，而不被關注的愛情則會逐漸消逝。因此，時常修補關係中的裂縫，澄清誤會，才能防止怨恨的滋生。否則，這些未解的怨懟將會在心底累積，最終化為毒害彼此生活的隱患。當一對夫妻因為一場小爭執而爆發時，他們可能會驚恐地發現對方心中自己形象的扭曲。

因此，在每一天的生活中，我們應該學會如何重造愛情。這不僅是為了關係的持續，更是為了心靈的平和。愛情的重造是一門藝術，需要敏銳的察覺與細膩的心思。唯有如此，我們才能在平凡的日子裡，經營出不凡的愛情。

心靈的共舞：婚姻中的愛與友誼

在追尋幸福婚姻的旅途中，真誠與禮貌如同兩位忠誠的嚮導，指引著夫妻相互尊重彼此的興趣和愛好。以為兩個人能完全同步於思想、判斷和欲望的幻想，無疑是荒謬且不切實際的。蜜月期間，愛侶們常被浪漫的熱情所矇蔽，錯以為彼此

在各方面都相似。然而，隨著時間的推移，個人的天性終將顯露，這並非壞事，而是自然的過程。

阿蘭曾指出：「若要婚姻成為夫婦的安樂窩，必須讓友誼逐漸取代愛情。」然而，這種說法過於簡單。在真正幸福的婚姻中，愛情與友誼應該是相輔相成的，彼此交融而非取代。友誼的坦誠能帶來寬恕與溫柔，這種特質在婚姻中尤為重要。夫妻雙方需要承認他們在精神和智力上的差異，並愉悅地接受這一事實。這種接受並非退讓，而是創造了一個心靈互補的機會。

對於一個努力解決生活難題的男性而言，一位細膩、聰慧、溫柔的女性伴侶是他理解女性思維的最佳幫手。這種互補的關係，讓夫妻雙方都能從中受益，並共同成長。在婚姻中，愛情的激情固然重要，但友誼的深厚更能支撐長久的幸福。兩者的結合，讓婚姻不僅僅是一段人生旅程的起點，更是一場心靈的共舞。

因此，婚姻的幸福不僅僅依賴於愛情的火花，還需要友誼的滋養。唯有當兩者相互交織，夫妻才能在生活的波瀾中攜手並進，創造出屬於他們自己的安樂窩。在這個過程中，彼此的差異不再是障礙，而是讓婚姻更加豐富多彩的泉源。這樣的婚姻，才能真正地經得起時間的考驗，成為兩顆心靈共舞的美好樂章。

在愛情的世界裡，願欲雖為愛的起點，卻不該是唯一的焦

點。當兩個人彼此深深相愛，低階的需求便得以昇華，肉體的歡愉因精神的結合而提升至一種超越的境界。對於那些真正心靈契合的伴侶而言，青春的流逝並非不幸，因為攜手共度的甜美時光足以抹去歲月老去的陰影。

拉羅希福可（La Rochefoucauld）曾指出：「僅有完滿的婚姻，絕無美妙的婚姻。」然而，我希望能藉由本文讓人們相信，美妙的婚姻是可以存在的。只是，那些真正美妙的婚姻，往往不是最輕而易舉的。兩個人都會受到情緒、誤解和病痛的影響，這些因素可能改變甚至破壞他們的性情。因此，要想在共同生活中毫無困難，幾乎如同期待一個沒有波瀾的政府一樣不切實際。

即便如此，當愛情化解了最初的爭執，當彼此的感情將初期的怒火轉為溫柔的包容，夫妻間的風波也許會更容易平息。這種轉變並非自然而然，而是需要雙方的努力與理解。愛情的力量在於它能將最初的衝突轉化為深厚的情感連繫，讓彼此在磨合中成長。

婚姻中，兩個人既是愛侶，也是夥伴，需要共同面對生活的挑戰。這樣的連繫需要耐心、溝通和妥協。每一次的爭執都是一個機會，讓彼此更加了解對方的需求和底線。當雙方都能從這些經歷中學習和成長，婚姻便不再是束縛，而是自由的另一種形式。

因此,美妙的婚姻並不是不存在,而是需要雙方共同努力去創造和維護的。愛情不僅僅是激情的火焰,更是持久的溫暖和彼此的支持。當我們願意為彼此付出,願意在困難中攜手前行,婚姻便能成為人生中最美麗的旅程。

婚姻的真諦

婚姻並非如浪漫主義者所描繪的那般如夢似幻,它實際上是一種根植於人類本能的制度。要讓這一制度成功運作,僅僅依賴肉體的吸引力是不夠的。婚姻需要的是意志的堅持、耐心的培養、相互間的接納以及彼此的包容。這些要素共同作用,才能鑄就出一段美好而堅固的情感聯結。

愛情在婚姻中固然重要,但它並非唯一的基石。婚姻的成功還需要友誼的支撐,這種友誼是夫妻間的默契和理解,是能夠在彼此面前毫無保留的信任。這種友誼讓伴侶在生活的風雨中依舊能夠攜手同行,因為他們知道對方永遠是自己最堅實的後盾。

性感也是婚姻中不可忽視的一環。它不僅是生理上的需求,更是情感的交流,是兩顆心靈在親密關係中的深度對話。這種性感是隨著時間的推移而不斷演變的,它可能不再如初識時般強烈,但卻更加深沉和持久。

尊敬則是婚姻的另一個重要組成部分。尊敬意味著認可對方的價值，欣賞彼此的優點，並在生活的每一個選擇中展現出這份尊重。尊敬讓伴侶之間的關係更加平等，讓彼此在面對困難時，能夠更加堅定地支持對方。

　　唯有將愛情、友誼、性感和尊敬這四種情感融合在一起，才能達到婚姻的真正境界。這種融合不是一蹴而就的，而是需要時間的沉澱和雙方的努力。每一次的爭吵、每一次的和解、每一次的分享，都是在為這段關係注入新的活力。

　　真正的婚姻，是一種綜合的情感體驗，是在歲月的流逝中不斷成長的過程。它不僅是兩個人的聯結，更是一段共同成長的旅程。在這旅程中，伴侶彼此扶持，共同迎接生活中的挑戰與喜悅，最終攜手走向未來。這才是婚姻的真諦，也是每對夫妻應當追求的目標。

家庭：愛與煩惱的交織

　　家庭，這個人類社會的最基本單元，蘊藏著無窮的愛與煩惱。瓦勒里（Paul Valéry）曾言：「每個家庭蘊藏著一種內在的特殊的煩惱，使稍有熱情的每個家庭分子都想逃避。」這句話揭示了家庭生活的兩面性：一方面是充滿溫暖的歸屬感，另一方面則是難以言喻的壓力與煩惱。

　　在文學作品中，我們常常看到家庭的這種雙重性。巴爾札克筆下的老人高老頭（Goriot），對女兒們的愛近乎瘋狂，但女兒們卻對他冷漠無情；葛朗臺（Grandet）一家則因父親的過度熱情而感到壓迫與厭惡。然而，在勒・甘尼克（Le Guennic）的家庭中，我們又看到了另一種景象：家庭的和諧與美滿。莫里亞克（François Mauriac）在他的作品中，也呈現出這種矛盾的家庭情感。在《蛇結》（*Le Noeud de Vipères*）中，垂死的老人聽著孩子們爭論他的財產問題，心中滿是悲痛；而在《豐得拿克的祕密》（*Le Mystère Frontenac*）中，家庭的溫暖如同一群小犬在狗窩裡互相偎依，讓人感受到無比的甘美。

家庭：愛與煩惱的交織

這些故事不僅僅存在於小說中，在現實生活裡，我們每個人也都曾經歷過類似的家庭情感。晚餐時的團聚，既是親密的時刻，也是衝突的源頭。家庭的雙重性格，如同瓦勒里所言，「既有可歌可頌，又有可惱可咒」。當我們在人生的谷底中，常會不由自主地渴望那份無條件的家庭之愛。

然而，這份愛也可能讓我們感到窒息。每個人成長過程中，或多或少都曾有過想逃離家庭的念頭。正如曼殊斐兒（Katherine Mansfield）在十八歲時所寫：「你應當走，不要留在這裡！」但當她逃出家庭，病倒在陌生人中時，卻又無比懷念祖母的關懷與溫暖。

家庭，這個既能激怒我們，又能無條件愛我們的地方，正是人生最深刻的矛盾所在。它是我們的避風港，是我們的根，無論我們走到哪裡，心中那份對家的牽掛與懷念，始終不變。

母愛的力量與家庭的基石

家庭如同婚姻，是一種由其內在偉大性所構成的錯綜複雜制度。不同於單純而死板的抽象思想，家庭是自然演變的結果。這一制度的形成，源於性別的差異、兒童長期的依賴，以及由此衍生的母愛和父愛。為了更系統地探討家庭的價值，讓我們從其美德開始談起。

母愛的力量與家庭的基石

家庭的力量在於將自然本能轉化為社會結合的基礎。尤其是母嬰之間的情感連繫，它純潔而美滿，毫無衝突。對於嬰孩來說，母親如同神明。她是全能的，無論是哺育還是照顧，母親都是孩子的歡樂與生命的泉源。她是痛苦的減輕者，快樂的增添者，是孩子的庇護所、溫暖、柔和、忍耐與美的化身。

從母親的角度看，孩子是她的上帝。母愛，如同愛情，是一種擴展到自身之外的自私主義，從中誕生出忠誠的呵護。由於母愛的存在，家庭便如同婚姻一樣，建基於本能之上。一個社會能夠成立，必須人類先學會愛，而這往往從母性中學來。女性對男性的愛情中，常包含著母性的成分。喬治·桑是否愛過繆塞（Alfred de Musset）和蕭邦？她的愛中母性成分遠超過性愛。這種現象並非例外。母性中持久不滅的成分，是保護他人的需求。女人愛強者的男子，實際上愛的是他們的弱點。

若孩子有幸得到真正女性的母親，他便會從中學會無私的愛。母愛讓他明白，世界並不全是敵意，還有溫暖和信任。這樣的人生開端，是精神上的巨大優勢。樂觀主義者，即使經歷失敗與憂患，仍能信賴人生，往往源於溫良母親的教養。

然而，惡母或偏私的母親則是兒童的悲哀。她們培養出悲觀主義者和焦慮不安的人。我在《家庭圈》（Le Cercle de Famille）中探討過，母子衝突如何毒害兒童心靈。過於溫柔或感傷的母親，同樣能帶來不良影響，特別對於兒子，使他過早

家庭：愛與煩惱的交織

體驗強烈情感。司湯達（Stendhal）和勞倫斯的作品都探討了這種「精神亂倫」，比性亂倫更危險，因其不易察覺。

在接下來的章節中，我們將深入探討世代間的關係，以及父親的角色如何影響家庭的動態。

家庭，是我們每個人最初的愛的學習場所。儘管在成長過程中，我們可能會感受到傷害，但在這個小小的團體中，我們卻能體驗到一種特別的幸福。這種幸福不僅僅來自於溫暖的回憶，更在於家庭提供了一個讓我們顯露「本來面目」的空間。

在現實生活中，我們常常需要扮演各種角色，隨著社會的期待而行動。一個主教、一位教授、或是一名商人，他們在大多數時間裡都必須遵循社會的規範，掩蓋自己的真實情感。然而，家庭卻是一個例外。在這裡，我們不必時刻保持警惕，可以自由地做自己。

試想像家庭中的一個平常夜晚：父親可能躺在安樂椅上讀報或打瞌睡，母親則忙於手工，與女兒討論生活中的瑣事。兒子們各自忙著自己的事情，有的在讀偵探小說，有的在調整無線電。這些活動看似不協調，無線電的聲音可能打擾父親的安寧，母女的對話或許讓兒子們心煩。然而，這正是家庭的魅力所在——每個成員都能夠不拘形式地表達自我。

在家庭中，禮貌有時顯得多餘。我們可以表達不滿、發脾氣，也可以毫無顧忌地享受愉悅。這種熟悉的環境讓我們能夠

無拘無束地展現真實的情感。當有人說「他是一家人」時,指的是在他面前我們可以毫無保留地做自己,無需擔心社會的評判。

家庭的成員彼此之間有著深刻的理解和包容。即便不是時時陶醉於幸福中,他們卻能在這個小天地裡找到自由的權利與被接納的安全感。當家庭中的一位成員需要幫助時,其他人會自然而然地伸出援手。這種支持讓人在面對困難時不再孤獨。

在那些因社會變遷而家庭結構鬆散的地區,人們常感受到與大眾緊密連繫的需求。他們渴望重新找回那種原始的、溫暖的團體生活。然而,試圖在龐大的社會中重建這種凝聚力,往往是一種勉強且危險的嘗試。家庭,作為愛與自由的庇護所,其重要性不言而喻。它讓我們在冰冷的宇宙中找到溫暖,並賦予我們面對未來的勇氣。

家庭的自私主義與隱祕世界

在古羅馬時期,家庭的概念超越了血緣關係,形成了一個由親族、盟友、商業夥伴和奴隸共同組成的小部落。這種社會結構賦予了家庭以強大的凝聚力,即便在現代社會中,雖然地理上的分散削弱了這種緊密連繫,但其影響依然深遠。現代的家庭中,或許不再有那麼多不明來歷的堂兄弟,然而,家庭成

家庭：愛與煩惱的交織

員之間的親密與排他性仍然存在，形成一個難以被外界打破的堡壘。

在巴爾札克和莫里亞克的小說中，這種家庭的封閉性被生動地描繪出來。那些隱居的姑母、遠房的叔伯，不僅僅是家庭中的角色，更是這種家庭自我保護機制的一部分。這樣的家庭語言和習俗，對於局外人來說，常常如同一個神祕的迷宮，無法理解也難以融入。這種排他性在某種程度上加深了家庭成員之間的連繫，但也限制了他們與外界的互動。

在某些家庭中，這種封閉性達到了極致，兄弟姊妹們的童年生活如此緊密地交織在一起，以至於成年後仍然無法分開。他們的婚姻和外界的社交往往淪為形式，舅子、姑丈等親屬角色僅僅是名義上的，始終無法成為家庭真正的一員。這種狀況導致了一種家庭內部的自私主義，這種自私不僅僅是出於愛，更是一種對外界的防禦和排斥。

紀德曾批評這種自私主義，認為它的可憎程度僅次於個人的自私。然而，這種家庭的自私主義，儘管有其危險性，卻仍是社會生活的一部分。它提供了一種超越個人生活的連繫和意義。家庭必須適應外界的變化，承受風雨的洗禮，才能避免陷入自我封閉的困境。

每個家庭都有其獨特的煩惱和挑戰。在夜晚的寧靜中，家庭成員回歸自然的狀態，這種放鬆不一定帶來和諧，有時反而

家庭的自私主義與隱祕世界

導致一種無序的狀態。阿蘭曾描繪過這樣的家庭，在這些家庭中，無形的規則約束著每個人的行為，真正的交流被無意識的咕嚕所取代。

因此，家庭的自私主義不僅僅是愛的表現，也是對外界的防禦。然而，真正的家庭幸福需要突破這種自私，接納外界的影響和變化，從而實現更大的和諧與自由。

在一個家庭中，生活的節奏往往由最微小的需求決定。有人對花香敏感，有人對聲音不快；有人要求夜晚的安靜，有人則渴望清晨的寧靜。每個人都有自己的禁忌——對宗教的沉默，對政治的反感。這些差異在日常生活中交織成一張複雜的網，每個人都必須小心翼翼地在其中活動，避免觸動他人的不適。家庭成員彼此忍讓，尊重個人權利，然而這種忍讓有時也意味著精神生活水準的降低。

在家庭生活中，最平常的需求往往成為眾人步伐的指引，這種情況就像一個散步的隊伍中，速度最慢的人成為整個隊伍的節奏掌控者。自我犧牲固然重要，但當犧牲成為常態，家庭的精神境界也隨之減弱。只要有一位聰明的客人來訪，這種情況就會改變。平日裡沉默寡言或只說些無關痛癢的話的人，會在外來者的刺激下煥發出新的活力，因為他們願意在外人面前展現自己最好的面貌。

因此，家庭不應該是封閉的，它應該像一條海灣，接受外

界的衝擊。這個外來者不一定是具體的人，可能是一位偉大的音樂家或詩人，他們的思想和作品無形中影響著家庭成員的思考和對話。這種外來的影響在英國新教徒家庭中尤為明顯，《聖經》的誦讀成為思想的養分，使得許多英國作家的風格深受其影響。英國女性的寫作能力常常源於此，她們從小接觸的偉大作品取代了日常瑣細的談話，從而提升了她們的表達能力。類似的情況在17世紀的法國也存在，塞維涅夫人（Mme de Sévigné）和拉斐特夫人（Mme de La Fayette）等皆因拉丁教育而受益匪淺。

阿蘭指出，家庭生活的一大危險在於說話不清不楚，句子未完就中斷。為了克服這一點，我們應該讓家庭與人類最偉大的作品保持親密接觸。真誠的宗教信仰、藝術的愛好、共同的政治信念和合作的事業都能提升家庭的精神境界，使其超越自身的局限，成為一個富有活力和創造力的共同體。

家庭中的平凡與不凡

在家庭這個親密的環境中，一個人的特殊價值往往最難被自己的親人所認知和重視。這並不是因為仇視或嫉妒，而是因為家庭成員習慣於用一種不同於外界的視角來看待彼此。以勃朗特姊妹為例，她們的父親從未承認她們是小說家。即使是托

家庭中的平凡與不凡

爾斯泰這樣的文豪,他的妻子和孩子們也無法完全理解他的天才,因為在他們眼中,托爾斯泰既是那位偉大的作家,也是那個在日常生活中顯得可笑和無理的普通人。

在家庭中,我們可以展現最真實的自我,卻也因此無法超越自我。阿蘭曾說過,即便家庭認知到一個人的天才,它也會用不相干的恭維來掩蓋天才的真相。這種恭維並非源於理解,而是因為家庭成員感到自豪,因為他們的姓氏因某位天才而出現在報紙上。比如,一位地理學家的演講,姑母去聽講的理由可能只是因為她愛她的姪子,而非對地理學本身的興趣。

這種家庭中的平凡性,源於肉體的熱情,常常否定了精神上的崇高。這也解釋了為什麼有些人會反抗家庭的束縛。紀德在《地糧》(*Les Nourritures Terrestres*)中曾詛咒家庭為「閉塞的區處」,並在《神童》中描寫了長兄勸弱弟擺脫家庭、追求自由的情節。即使是最偉大、最優秀的人,也常常需要離開家庭,去完成自己的使命。

這就是托爾斯泰最後逃到寺院並病逝的原因,也是年輕人聽到「你得離開你的爸爸媽媽」的呼聲的時刻。這也是高更決定拋妻別子,獨自到塔希提島上過著僧侶般畫家生活的時間。我們每個人,或許都曾在某個時刻,聽到過這種呼聲,並自以為那是追尋自我與自由的召喚。家庭中的平凡與不凡,常常在這種張力中展現,讓我們在愛與自由之間掙扎與選擇。

家庭：愛與煩惱的交織

在現代社會中，家庭不僅僅是一個物理空間，更是一個充滿情感交織、歷史沉澱的複雜結構。然而，對於許多人來說，家庭可能成為一種無形的束縛，讓他們萌生出逃避的衝動。這種逃避家庭的行為，無論是出於對自由的渴望還是對現狀的不滿，往往被視為是一種幻象。這是一種試圖以不自然的方式生活的表現，因為人類的本質是社會性的，完全的孤獨並非我們的本性。

離開家庭後，我們可能會尋求其他的歸屬，如加入宗教或文學團體。然而，這些同樣有其自身的規範和限制，並不能完全替代家庭所提供的情感支持和歸屬感。甚至如尼采般偉大的靈魂，最終也可能因為孤獨而陷入瘋狂。正如馬可‧奧理略所言，真正的智慧並不在於逃避現實，而是在於如何在現有的環境中保持清醒與理智。

因此，逃避家庭生活雖然簡單，但最終是徒勞的。反之，努力改造並提升家庭的質量，則是一項更具挑戰性但更有價值的使命。家庭的偉大往往被其表面的束縛所掩蓋，特別是對於年輕人來說，他們容易在青春期的叛逆中忽視家庭的重要性，這也就是所謂的「無情義年齡」。

然而，我們應該更深入地探討家庭內部的世代關係，以及如何在這些關係中找到平衡和和諧。每一代人都有其獨特的價值觀和生活方式，這些差異有時會導致衝突，但也提供了學習

和成長的機會。我們需要的是耐心和智慧，去理解和包容彼此的不同，並在這個過程中共同創造一個更美好的家庭環境。

最終，家庭並不是一個需要逃避的地方，而是應該被重新塑造的理想場所。這種塑造需要每一個家庭成員的努力和投入，因為只有這樣，我們才能真正體會到家庭的深刻意義和無限的可能性。

早期教育的重要性

在幼嬰時期，母親的溫柔和孩子的信賴是人類關係的基石。然而，許多父母在這段看似無關緊要的時期，卻容易犯下影響深遠的錯誤。最常見的錯誤之一，便是讓孩子習慣於被嬌縱，從而誤以為自己擁有無上的權威。實際上，這種權威只是父母的弱點所造成的假象，這是極其危險的。人的性格在生命初期便開始形成，紀律的概念在一歲以上的兒童中已經開始確立。

許多人常說，成人對孩子的影響微乎其微，先天的性格無法改變。然而，事實上，透過早期的教育，成人完全可以塑造和改變孩子的性格。對於孩子來說，規律的習慣從一開始就應該被養成，因為不懂得遵守規律的人，注定會在生活中遭遇困苦。人生和社會有其不容動搖的鐵律，這些規律不會因疾病或

家庭：愛與煩惱的交織

工作而改變。每個人都必須用自己的努力和耐性開闢出屬於自己的道路。

然而，嬌縱的孩子卻生活在一個虛幻的世界中，他們始終相信自己的情緒可以引發他人的同情和愛。他們期望無條件地被愛，如同他們過於縱容的父母一樣。我們都認識這樣的嬌養老小孩，他們即便因天賦而達到了權威的巔峰，也可能因一時幼稚的舉動而失去一切。還有那些在暮年仍以為自己的表情足以表達內心情感的女子。要避免這些問題，母親在孩子對世界有了初步認知時，就應該教導他們理解規律的重要性。

總之，早期教育對於孩子性格的塑造至關重要。父母必須認知到，他們在孩子生命初期的行為和教育方式，將對孩子的一生產生深遠的影響。只有從小培養孩子的規律性和自律性，他們才能在未來的生活中不斷成長，成為獨立而堅強的人。

阿德勒醫師（Alfred Adler）曾經指出，某些母親因為處理不當，無法在多個孩子之間保持公正，這對孩子們的心理產生了極大的負面影響。在大多數家庭中，兄弟姐妹的關係通常被視為友愛的典範。然而，若認為這種和諧是與生俱來的，那就大錯特錯了。兄弟之間的敵對關係，自文明初始便已存在，並且成為一種無法消解的悲劇。

在孩子性格的形成過程中，出生順序扮演了重要角色。長子通常是被寵愛的對象。他的微笑、姿態，對於一對新婚

早期教育的重要性

夫婦來說，是新奇而迷人的景象。全家人的注意力都集中在他身上。不要以為孩子不會察覺到這一點；事實上，他會將這種關注視為理所當然。然而，當第二個孩子出生時，情況就發生了改變。第一個孩子不得不與這個新來的「敵人」分享父母的愛。他可能感到自己被忽視，這帶來了巨大的痛苦。

母親通常會將大部分的愛轉移到更脆弱的幼子身上，這種情感的轉移對長子來說是一個巨大的變動，留下了難以磨滅的痛苦痕跡。這種情感上的劇變甚至可能達到悲劇的程度。孩子們可能會詛咒這個不速之客，祈求他早早離去，因為他的到來剝奪了他們曾經擁有的權威。有些孩子甚至會用怨艾的方式試圖重新贏得父母的關注。疾病常常成為弱者取勝的一種方式。這種使人憐憫的策略在女人中已經為人熟知，但兒童也會無意識地上演這種劇碼。許多原本乖巧的孩子，當兄弟或姊妹誕生後，會變得頑劣，做出讓父母驚訝和憤怒的事情；其實，他們只是努力想吸引大人的注意。

阿德勒醫師堅信（我亦如此認為），長子或長女的心理特徵是可以終生辨識的。這些孩子常常懷念過去，保守且有時悲觀；他們喜歡談論自己的童年，因為那是他們最幸福的時期。次子或次女則往往向未來追求，因為只有在未來，他們才能超越長兄或長姊；他們常常是破壞主義者，並善於嘲弄他人。這種兄弟姐妹之間的微妙平衡，充滿了愛與競爭的矛盾，影響著他們

的一生。

溺愛與尊重：家庭關係的微妙平衡

最幼的孩子，尤其是與長兄們相差甚遠的那位，常常是家庭中的寵兒。他們在父母和兄長們的呵護下成長，享受著無可比擬的優遇。這種溺愛使得他們在成長過程中充滿自信，並在成年後能夠順利地在社會中立足。這種孩子常常努力追趕兄長們的腳步，因為他們深知自己在年齡和經驗上的劣勢。然而，這種家庭環境中的愛與關懷，若不加以平衡，可能會讓孩子在未來面臨挑戰。

父母在多個孩子之間，應該努力維持平等的愛與關懷。雖然每個孩子的性格與可愛之處不盡相同，但在表面上，父母必須展現出平等的對待，這樣才能避免孩子之間的猜疑和不滿。此外，父母的和諧對於孩子的心理健康至關重要。孩子眼中的父母世界如同神仙般完美，一旦這個世界出現裂痕，會讓孩子感到痛苦，甚至失去對父母的尊敬。

在成長過程中，孩子觀察父母的一言一行。如果父母的言行不一，會讓孩子在未來對生活充滿反抗。那些在成長過程中目睹父母衝突的孩子，往往會對人生抱持懷疑態度。例如，一個輕視母親的女孩，可能會在成年後輕視所有女性；一個專橫

的父親,可能讓女兒將婚姻視為苦役。

理想的家庭氛圍應該是充滿尊重與愛的。這樣的父母不會遇到孩子激烈要求自由的時刻,他們能夠在孩子從童年過渡到青年的過程中,提供最小限度的痛苦和最大的支持。這種沒有專制的溫柔愛,能夠產生無比的家庭樂趣。

母子關係在這樣的家庭中尤為顯著,尤其是在父親過世後,母親與兒子之間的關係可能更加和諧。母親對兒子的尊重和愛護,與兒子對母親的尊敬形成了一個美滿的情感連繫。在傳統社會中,這種關係更為明顯,尤其是在母親繼續掌管家庭事務的時候。然而,新舊家庭之間的衝突也在所難免,尤其是當母親不理解兒子的獨立需求時。

小說家們常常描繪這種家庭衝突,因為它反映了現實生活中的普遍問題。母親與兒子之間的情感糾葛,尤其是在母親用高壓方式控制家庭時,成為了一個經久不衰的文學主題。這種衝突的描寫,揭示了家庭關係中愛與尊重的微妙平衡。

母女之間的關係常常是複雜而微妙的。有時,母女可以成為終身的夥伴,即使女兒結了婚,她們依然離不開母親,日復一日地探訪並與她們共享生活。然而,情況不總是如此,有時母女之間會出現一種特有的競爭關係。年輕且美貌的母親可能會嫉妒自己女兒的青春,而尚未成熟的女兒則可能嫉妒她母親的成熟與魅力。在這種情況下,通常應由年長的一方,即母

家庭：愛與煩惱的交織

親，去防範這種情緒的滋長。

父愛則是截然不同的情感。在這裡，天然的關係雖然存在，卻不如母愛那樣深厚。雖然有些父親如高老頭般全心投入家庭，但這類父親常被視為異常，因為社會對母親的極端表現更加寬容。在許多原始社會中，兒童是由舅父撫養長大的，父親的角色顯得無足輕重。即使在現代社會，幼兒的教育多由女性負責。父親則是家庭外的戰士、獵人，或是現代的企業家、政治家，他們在晚餐時回到家中，帶著煩惱、計畫和幻想。

在杜哈曼（Georges Duhamel）的小說《哈佛書吏》（*Le Notaire du Havre*）中，父母的角色對比明顯：母親如蜜蜂般勤勉，而父親則如黃蜂般理想化。父親代表著外界的壓力，因此他要求孩子們努力工作，期望他們實現他未盡的夢想。如果他自己取得成功，他會對孩子們施加更大壓力，期望他們完美無缺。然而，孩子們終究是人類，無法完全符合他的期望，這使得他因過度熱情而變得嚴厲。他企圖將自己的夢想傳遞給孩子，但常感到他們在反抗。

有時，像母女之間的競爭，父子之間也會出現類似的情感衝突：父親不願退位，不願放棄事業的控制權，而兒子在同一領域表現得更出色時，父親會感到不快。因此，父親與女兒的關係往往更為和諧。許多現代例子，如托爾斯泰最小的女兒和若干政治家、外交家的女兒，成為父親的祕書和心腹，便是這

種關係的最佳展現。

　　在父母與子女之間，誤解往往源於成年人試圖在年輕人身上尋求成年人的迴響與情感。當父母看到子女首次面對生活的挑戰時，回憶起自己當年的錯誤，想保護他們所愛的人，便試圖將自己的經驗傳授給孩子。然而，這種做法常常是徒勞無功的，因為經驗幾乎無法傳授。每個人都必須親歷人生的各個階段，思想和年齡必須同步成長。某些美德和智慧與身體的衰老息息相關，沒有任何言辭能夠將其傳授給年輕人。

　　在馬德里（Madrid）國家美術館中，有一幅早期佛拉蒙畫作〈人生的年齡〉（*Les Ages de la Vie*），畫中展示了兒童、少婦和老婦三代人的形象。老婦伏在少婦肩上，似乎在給她忠告。然而，由於三人都是裸體的，觀者明白這是一個身體衰老的人向一個如花似玉的人發出的勸告，因此注定徒勞無功。

青春與經驗的碰撞

　　經驗的價值往往源於其痛苦的代價，它在肉體上留下痕跡，進而改變思想。這是政治家在現實苦鬥中不眠之夜的沉思成果。然而，如何將這些經驗傳授給滿懷理想、認為輕而易舉便能改造世界的青年呢？成年人又如何說服年輕人相信「愛情是虛幻的」這一觀點呢？波洛涅斯（Polonius）的忠告雖是老生

家庭：愛與煩惱的交織

常談，但當我們勸誡他人時，無不成為波洛涅斯。這些老生常談對我們而言充滿意義、回憶與形象，但對於年輕一代而言，卻顯得空洞無味。

我們試圖將二十歲的女兒塑造成淑女，然而在生理學上這是不可能的。伏佛那葛（Vauvenargues）曾言：「老年人的忠告有如冬天的太陽，雖是光亮，可不足令人溫暖。」青年人常常反抗，而老年人則感到失望，於是兩代間的憤怒與埋怨便在此滋生。最賢明的父母會用必不可少的稚氣來化解這種憤懣。克洛岱爾（Paul Claudel）譯的帕特莫爾（Coventry Patmore）詩作〈玩具〉（*Les Jouets*）中，一位父親因責罵孩子而感到悔恨，當他看到孩子在睡夢中仍帶著淚水，並用心地擺放著心愛的玩具時，終於理解了兒童的靈魂。

在孩子的青春期，我們應當回想自己的經歷，避免傷害那個年齡的思想、情感與性情。要做到這一點，對父母來說並不容易。在二十歲時，我們常想：「如果有一天我有了孩子，我將和他們親近，成為我父親未能做到的那種父親。」然而，到五十歲時，我們往往已經成為自己的父母，並承擔起父母的角色。這時，孩子們開始對我們懷有當年我們對父母的期望，成為他們所希望的父母。而當他們達到我們今日的年齡時，又將輪到另一代抱有同樣的期望。

在青年時期，傷害與衝突在無形中形成了所謂「無情義年

齡」。每個人在初期童年都經歷過一個「神話似的」年齡，那時飲食、溫暖、快樂似乎是善意的神仙賜予的。隨著外界的發現和必需工作的條件，這一幻想被打破。進入學校後，生活中新增了朋友，兒童們開始批判家庭，發現心目中的重要人物在別人眼中可能只是些奇怪或平庸的人。這些經歷，讓青春與經驗的碰撞在每一代人中不斷重演。

青春期是一個充滿矛盾與挑戰的階段，這段時期既是兒童對外界探索的開始，也是他們對家庭秩序的質疑和反抗的時刻。年輕人常常被理想主義的光環所吸引，他們渴望一種純粹而完美的愛情，追求至高、至美的情感，然而現實卻往往讓他們失望。誓言常常不被履行，心底的祕密有時會被揭露，愛情的忠誠也可能被背叛。這些經歷讓年輕人感到挫敗和憤怒，對社會產生嫉恨。然而這種嫉恨，其實是他們理想與現實之間的落差所導致的。

在這樣的背景下，父母應該理解並支持孩子的反抗，因為這是他們成長過程中的必經之路。家庭生活雖然平淡無奇，但它能提供一種穩定的力量，幫助年輕人度過這段困難的時期。婚姻和家庭的建立，孩子的誕生，逐漸為年輕人提供了一個實際的支撐，使他們的生活重回正軌。家庭、社會和職業的緩衝，幫助年輕人將理想與現實重新連繫起來。

在這個過程中，家庭教育扮演著至關重要的角色。壞孩子

的性格是可以被改造的,甚至在他們的偏差中可以發掘出潛在的天賦。父母若能給予孩子一個幸福的童年,便是為他們未來的人生鋪平了道路。幸福的童年並非僅僅是物質的滿足,更是父母間的和諧、對孩子的愛與紀律的平衡,以及對每個孩子的平等對待。

在青春期,父母的角色不僅僅是提供建議,更重要的是以身作則。父母應該回想自己年輕時的經歷,以同理心理解孩子的掙扎,並讓他們在學校和社會中自由探索。若父母無法做到這一點,祖父母則可能成為更好的指導者,因為他們的心情較為平靜,思想更為開放,能更容易理解並支持新一代的探索。

這段青春的試煉,對於每個人來說都是一個重要的成長機會。理解和支持孩子的成長過程,並給予他們自由和指導,將是父母能夠提供的最珍貴的禮物。這樣,家庭與社會的力量得以結合,為年輕人開闢出一條更為光明的人生道路。

家庭與友誼:兩種不可或缺的社會連繫

在探討家庭是否為一持久的制度時,我們不難發現,家庭的不可替代性與婚姻相似,因為它能將個人的本能轉化為社會的情操。即使青年時期的離家經歷有助於個人成長,但在人生的某個階段,無論是大學生、哲學家還是藝術家,經過一天的

家庭與友誼：兩種不可或缺的社會連繫

社會磨礪後，最終都會懷著欣喜與溫柔的情緒回到這個最自然的集團中。家庭的晚餐席，不僅是親情的凝聚點，也是讓人從社會角色中解放，重返人性本真的所在。

夫婦與家庭已成為文明社會的基石，這是因為它們的情感基於堅實的本能，並促使人們學習超越自私的愛。然而，除了家庭關係之外，友誼這種全然不同的連繫，也在社會生活中扮演著不可或缺的角色。與家庭不同，友誼是智慧與情操的結合，超越了本能的驅使。這種關係的必要性在於，它提供了另一種情感滿足和支持，尤其對於那些尚未或無法進入婚姻的人而言。

我們不禁要問，為何有些人選擇逃避婚姻生活？大多數人並非逃避，而是尚未遇到合適的伴侶。這可能是因為性別比例的失衡，或是因為心靈與感覺的細膩，使得他們對伴侶的選擇有著特定的標準。有些人過著隱遁的生活，讓外界無法進入他們的生活圈，而另一些人則因命運的安排，身處與自己性格、思想迥異的環境中，對婚姻產生了厭倦。

因此，友誼成為他們生活中不可或缺的一部分。友誼的存在，為那些尚未找到婚姻伴侶的人提供了情感的寄託和生活的支持。這種建立在理解和智慧之上的關係，能夠彌補家庭與婚姻所無法提供的情感需求。它在某種程度上，亦是對人性中社交與情感需求的深刻回應。

家庭：愛與煩惱的交織

總結來說，無論是家庭還是友誼，都是社會結構中不可或缺的組成部分。它們各自提供不同層次的情感滿足，並共同促進了人類社會的和諧與進步。

在生命的旅途中，有些人選擇了不去尋找伴侶。這樣的選擇，往往源於年少時的傷害、對未知的恐懼，以及那些神祕而複雜的情感。這些因素最終讓他們對婚姻產生了鄙棄。要進入婚姻，需要一種勇氣，就像一位游泳者勇敢地跳入大海。然而，這種勇氣並非人人都擁有。

有時候，一個人可能渴望結婚，但他們所愛的人卻過著截然不同的生活。驕傲、後悔和怨恨常常讓他們選擇孤獨，將自己封閉在一種情感的牢籠中，終其一生。這些人或許會在未來感到後悔，因為他們所珍藏的回憶，最終成了一種形式上的執拗，失去了當初的真實情感。「昔日的心緒早已消逝。」然而，等他們意識到這一點時，青春已經不復存在，錯過了情感的角逐與適應的最佳時期。

在這樣的背景下，我們討論婚姻中夫婦之間的和諧如何依賴於彼此的柔順與適應。獨身久了的人往往習慣了孤獨的生活方式，即使他們有意願，也很難再成為一個理想的伴侶。他們的生活習慣已經深深嵌入了孤獨的框架中，難以與他人分享生活的細節與情感。

在這些情感的糾葛中，婚姻不僅僅是一種契約，更是一種

需要持續磨合與適應的關係。它要求雙方在生活的各個方面都能夠互相理解和包容。那些未曾走入婚姻的人，或許因為害怕失去自我而選擇孤獨，但這樣的選擇，亦可能讓他們錯過了體驗另一種生活的機會。

在人生的選擇中，無論是孤獨還是婚姻，都需要勇氣去面對。孤獨者需要勇氣去承受一生的孤寂，而婚姻則需要勇氣去承擔與他人共同生活的挑戰。每一種選擇都有其獨特的價值與難題，關鍵在於我們如何看待自己的選擇，以及如何在選擇中找到屬於自己的幸福。

隱藏的羈絆：家庭與愛情的無聲抗爭

對於大多數人而言，人生中必須找到另一種方式來解決內心的孤獨。這種徹底的孤獨感，若無法得到紓解，無異於一種無法忍受的折磨。究竟何處才能找到抗拒這種苦難的屏障呢？我們是否可以在幼年的家庭中尋求庇護？然而，家庭並不能幫助人達到真正的自我實現。家庭的包容有時反而會阻礙個人的努力與成長。巴爾札克在他的小說《邦斯舅舅》（*Le Cousin Pons*）中，描繪了家庭關係中那些不安定、平庸，甚至醜陋的成分。最終，邦斯只能依靠朋友獲得救贖。

即便是那些組建家庭的人，擁有美好伴侶的夫妻，或者與

家庭：愛與煩惱的交織

家長和睦相處的孩子，也會在心底渴望一些無法在家庭中獲得的東西。即使是擁有一千零三個愛人的唐璜，也會感到家庭和愛情無法滿足他的全部需求。家庭和愛情往往不允許我們完全表達自己的思想與情感。家庭的關係多半基於肉體而非精神，人們對我們的愛有時過於簡單與輕易；而在愛情中，除非能夠從愛情過渡到友誼，否則兩個相愛的人只是在扮演一場過於完美的喜劇，無法容納真實的揭露。

因此，無論是兒童、父母、丈夫、妻子、愛人還是情婦，他們的心靈深處都隱藏著許多不敢說出口的祕密，尤其是對於家庭、婚姻、父母和子女的怨艾。這些隱藏的情感與未表達的話語，構成了人際關係中的無聲抗爭。每個人心中都有一個未能完全被理解的自我，那些未能說出的話語和未能表達的情感，像是一根無形的線，將我們與他人緊緊相繫，卻又讓我們感到無比孤獨。面對這種孤獨，我們需要尋找新的方式來理解自己，並在這無聲的抗爭中找到真正的解脫與平衡。

在我們的生活中，未經言說的情感往往如同隱藏在傷口之下的異物，會慢慢侵蝕心靈的根基。因此，我們需要傾訴的對象，需要能夠理解我們內心深處的朋友。這種交流不僅僅是為了滿足肉體的需求，更是為了在智慧與精神的層面上獲得釋放與理解。當我們向一個可以信賴的朋友傾訴時，我們得以清理心中的祕密情感，釋放積壓已久的怨懟。這位知己，即使不給

予任何具體建議，也能使我們的隱祕情感變得更具社會性，讓我們感受到不再孤單。

在愛情之外，我們需要這樣一種關係，而在家庭之外，我們需要這樣一個團體。這個團體可能是與一位自由選擇的朋友建立的深厚友誼，或者是與一位現代或過去的大師之間的心靈契合。這種補充性的家庭，讓我們在情感的天地中獲得自由，並能夠在其中找到心靈的避風港。

友誼的誕生往往是自然而然的過程。與母愛不同，母愛隨著嬰兒的誕生而自然產生，是一種本能的流露。性愛的誕生似乎也不那麼複雜，一個眼神，一次觸碰，就能引發欲望和欽佩。然而，友誼的建立，則需要更多的時間與耐心。它是一種彼此選擇的關係，是在共同經歷中不斷深化的情感聯結。

友誼的滋養需要時間的沉澱和共同的經歷。它建立在相互理解和信任的基礎上，超越了表面的互動，進入心靈的深處。朋友之間的默契，往往不需要多言，就能感受到彼此的心意。在這樣的關係中，我們得以放下防備，展現真實的自己，這是任何其他關係都無法替代的珍貴。

因此，友誼成為我們心靈的避風港，是在繁忙生活中獲得平靜的泉源。它讓我們在遇到困難時不感到孤單，也讓我們的生活更加豐富多彩。這種自然而然、無需刻意的情感連結，是人生中最美好的禮物之一。

家庭：愛與煩惱的交織

愛與友誼的微妙界限

「愛始於愛。」這句話揭示了愛情的本質，一種超越理智與道德的力量。最真實、最強烈的愛情往往來得猝不及防，就像茱麗葉在初見羅密歐時那樣，「如果他已娶妻，我唯有把墳墓當作我的合歡床了。」這種愛情不依賴於道德價值，也不依賴於智慧，甚至不依賴於所愛者的美貌。莎士比亞筆下的緹坦妮雅（Titania）愛上了擁有驢子頭的波頓（Bottom），這便是愛情盲目性的最佳詮釋。

愛情的盲目性，這句老生常談的話語，卻蘊含著深刻的真理。我們常常對他人的愛情感到困惑不解，「她在他身上看到些什麼呢？」這是所有女人對所有女人的疑問。然而，在他人眼中似乎貧瘠的情感土地上，卻往往滋長出強烈而不可遏抑的情感，因為欲望正如肥沃的土壤，滋養著這份愛情。

相較之下，友誼的誕生則顯得緩慢而微妙。初生的友誼常常被愛情的強烈光芒所掩蓋，猶如一株柔弱的植物容易被旁邊的叢樹壓倒。法國作家拉羅希福可曾說：「大多數的女人所以

愛與友誼的微妙界限

不大會被友誼感動,是因為一感到愛情,友誼便顯得平淡了之故。」這句話深刻地揭示了愛情與友誼之間的微妙界限。

愛情的激情宛如烈火,能夠在瞬間點燃心靈,而友誼則如涓涓細流,需要時間的磨礪與心靈的交流。當愛情的激情逐漸平息,友誼的光輝才得以顯現。友誼是長久的陪伴,是在激情退卻後仍願意攜手同行的承諾。在人生的漫漫長路上,愛情與友誼各自扮演著不同的角色,豐富著我們的情感世界。

在這樣的情感旅途上,我們學會了辨別愛情的真偽,分辨出友誼的珍貴,並在這兩者之間找到微妙的平衡。愛情可能始於一瞬間的悸動,但友誼卻需要長久的時間去培育。在愛情的激情與友誼的穩定之間,我們找到了一種和諧的共鳴,讓生命的旋律更為豐富動人。

友誼的開始,往往在一個意想不到的瞬間。初識的時候,我們的觀察如同清晨的露珠,明澈透亮,毫不留情地揭示出對方的一切。對於初次相見的他或她,一個平凡無奇的特徵可能顯得特別刺眼。比如,那驢子似的頭,怎麼可能讓人產生依戀呢?然而,正是在這種清晰的認知中,友誼的種子得以萌芽。

在沒有任何肉體吸引的情況下,兩個人之間的友誼似乎不合常理。然而,事實上,這種關係的誕生往往是極其自然的。因為在某些情境中,對方的優點是如此明顯,以至於我們不得不承認其存在。於是,友誼便如同一道響雷,瞬間在我們心中

劃過。一個眼神，一個微笑，一次短暫的對視，都可能在我們的靈魂深處引發共鳴。

這種瞬間的契合，使我們看到了另一顆與我們聲氣相投的靈魂。一個小小的善意舉動，便足以證明對方擁有一顆美麗的心靈。於是，友誼開始了，就如同愛情從愛情中萌生一樣。

友誼的選擇並不總是基於對方的高尚或優雅。因為在這種關係中，優劣的判斷是相對的，並不固定於某種標準。某位少女可能會成為另一位少女的心腹，兩人形影不離，分享著彼此的生活。然而，在第三者眼中，她們卻可能毫無吸引力。

如果命運的安排使得兩顆心靈的和諧得以實現，友誼便會隨之而生。這種友誼不需要任何外在的理由或條件，只需一個瞬間的契合，一個靈魂深處的共鳴。正是這種瞬間的相遇，使得友誼成為人生中最珍貴的財富之一。

強制與友誼的持久之道

在我們的生活中，偶然的相遇往往無法轉化為持久的關係。婚姻制度是為了讓愛情能夠持久存在，然而，友誼的萌芽也同樣需要某種形式的強制力來促進它的成長。人心本質上是懶惰的，若缺乏外在的推動力，初生的情感常因瑣碎的小事而迅速消逝，甚至變得厭煩。「她總是重複那些話題⋯⋯他容易

發脾氣⋯⋯她總是遲到⋯⋯他讓人討厭，她太愛抱怨了⋯⋯」這些看似微不足道的問題，卻足以摧毀一段尚未鞏固的友誼。

在這種背景下，強制的作用顯得尤為重要。學校、軍隊、船上生活、戰時的將校食堂，甚至是小城市裡的公務員宿舍，這些環境中都存在著某種程度的家庭式強制，這種強制是有益的。它要求人們共同生活，迫使他們在摩擦中逐漸了解彼此，最終達到互相容忍的程度。正如一位哲人所言：「人人能因被人認識而得益」，這句話揭示了一種人際交往的真理。

在這些強制性的環境中，人們得以在長時間的共處中發現彼此的優點，並學會包容對方的缺點。這種過程並非一蹴而就，而是需要時間來沉澱和發酵。強制的共同生活創造了一個不容逃避的空間，使人們不得不面對彼此的真實面貌，從而在理解和磨合中建立起穩固的友誼。

因此，當我們思考如何讓一段友誼長久時，不妨考慮引入某種形式的「強制」，無論是透過共同的生活經歷還是持續的交流互動。這種強制並非壓迫，而是一種促進理解和包容的機制，使得友誼能夠在時間的長河中承受住考驗，最終成為生命中不可或缺的一部分。

在我們的人生旅途上，偶然出現的友誼不一定是真正的友誼。正如阿貝爾・波納爾（Abel Bonnard）所言：「人們因為找不到一個知己，即聊以幾個朋友來自慰。」然而，真正的

強制與友誼的持久之道

友誼需要經過更為嚴格的考驗和選擇。蒙田（Michel Eyquem de Montaigne）對於拉博埃西（Etienne de la Boétie），不僅是友愛，更是尊重和敬仰。他能夠認出拉博埃西那卓越的心靈，因而心甘情願地全心相許。

在這個世界上，不是所有的人都能夠對他們所敬重的人產生如此深厚的依戀。有些人對他人的優點感到嫉妒，對高貴性格的美德不屑一顧，只是一味地挑剔別人的缺點。還有一些人，因為害怕自己無法承受他人明澈心靈的批判，寧願選擇與那些較為寬容的人為伍。

然而，只有那些尚未對人類感到厭惡，仍然相信人群中潛藏著偉大靈魂、領袖人才和可愛心靈的人，才有資格享受真正的友誼。這些人不懈地尋找著他們心目中的知己，並在找到之前就已經對這些人懷有深厚的愛意。

真正的友誼是一種靈魂的契合，是在彼此之間建立起的深刻理解和無條件的支持。這種友誼需要時間的沉澱，並且經得起生活中的種種考驗。它並不僅僅是相互陪伴，而是彼此成為更好的自己。

在這個過程中，我們需要學會尊重和包容，學會欣賞對方的優點，並願意為彼此的成長付出努力。當我們能夠做到這一點，才能夠體會到真正的友誼帶來的溫暖和力量。

因此，讓我們不懈地追求這種真摯的友誼，並在找到它之

前,懷著愛與希望,去迎接每一次邂逅。因為,只有那些真正相信友誼價值的人,才能夠在這條路上找到自己的知己,並共同創造出一段美好的旅程。

友誼的微妙平衡

在探討友誼的本質時,我們不禁思考,究竟什麼樣的特質讓人們彼此吸引,並建立起深厚的情誼。波納爾(Bonnard)強調心理因素在這其中的作用,我願意進一步補充。在被愛者的眾多優點之外,若能新增一些可愛的小缺點,可能更有助於激發溫柔的愛戀。毫無瑕疵的人往往讓人難以親近,因為絕對的完美中隱含著某種不近人情的冷漠,這種冷漠讓人感到精神上的壓力和心靈上的距離。

一位完美無瑕的人或許會讓人由衷地欽佩與尊敬,但這樣的完美卻可能無法贏得真正的友誼。因為在他們的光環下,我們容易感到自卑與膽怯。相反,當一個偉大的人物因某些小怪癖而顯得更有人情味時,這反而讓我們感到放鬆和親切,這是我們應該感激的特質。

友誼的萌芽往往源於偶然的機緣。可能是一次偶然的對視,一句不經意的話,便能揭示彼此靈魂與性格的契合。這樣的契合是一種無法言喻的吸引力,使兩顆心靈逐漸靠近,並最

終形成堅不可摧的聯結。這種心心相印的契合，遠遠超越了與外人之間的精神連繫，甚至超過血緣至親所能帶來的親密。

正是這種微妙的平衡，讓友誼成為人際關係中最珍貴的瑰寶。它不僅僅是因為彼此的優點而相互吸引，更是因為那些小小的、不完美的地方，讓我們感到彼此的真實與親近。友誼的真正價值在於它能夠包容不完美，並在這種包容中尋找到心靈的共鳴。如此，友誼得以在時間的長河中，承受住種種考驗，並在彼此的生命中留下深刻的印記。

在這個時刻，我想更深入地探討一下，這種偉大的情感——有時能與最美的愛情相媲美的友誼，與那更為凡俗且不完全的「狎習」之間，究竟有何不同。拉羅希福可曾言：「所謂友誼，只是一種集團，只是利益的互助調節，禮儀的交換，總而言之，只是自尊心永遠想占便宜的交易。」然而，這種觀點顯得過於苛刻，甚至可以說是對友誼本質的一種誤解。

友誼，絕非是一種簡單的交易關係。若以交易來形容友誼，那無疑是對友誼的貶低。真正的友誼，要求的是一種徹底的無利害觀念。當我們與某人建立友誼時，並不僅僅是因為對方能為我們帶來什麼實際的利益。事實上，那些在需要我們的時候才來找我們，而在我們幫助他們之後便不再理會我們的人，從來都不會被我們視為真正的朋友。

當然，辨別一段關係中是否存在著利害關係，往往並非

愛與友誼的微妙界限

易事。那些擅長在人際關係中進行交易的人，通常擁有極其巧妙的方法。這種巧妙可能會讓我們一時無法看穿他們的真實意圖，然而，友誼的本質終究會在時間的長河中顯露無遺。

真正的友誼，是建立在相互理解和無條件支持的基礎上的。它是一種心靈的契合，是在彼此的陪伴中找到的安慰和力量。當我們面對困難和挑戰時，真正的朋友會不計代價地伸出援手，而不是在計算自己的得失。這種友誼，不僅僅是情感上的支持，也是精神上的共鳴。

因此，我們應該珍視那些在我們生命中扮演重要角色的朋友。友誼，是一種無價的財富，它無法用金錢來衡量，也不能被簡單的利益所驅動。它是一種純粹的情感，值得我們用心去維護和珍惜。

在這個充滿變化的世界中，能夠擁有一段真正的友誼，是一種幸福。它讓我們在孤獨中不再孤單，在困境中不再無助。在這樣的友誼中，我們找到的是生命的真正意義和價值。這，才是友誼的真諦。

友誼的真諦：無私的交往

「對於 B 君夫婦妳親熱些罷……」丈夫以一種帶有策略的語氣說道。「為什麼？」妻子不解地反問，「他們非常可厭，你

又用不到他們⋯⋯」「你真不聰明，」丈夫略顯不耐地回應，「當他回任部長時我便需要他們了，這是早晚的事，而他對於在野時人家對他的好意更為感動。」

妻子似乎有所領悟，表示十分敬佩地說：「這顯得更有交情。」然而，這種「交情」卻與真正的友誼相去甚遠。在社會中，兩個能夠互相效勞的人，這種交易是再自然不過的。彼此尊敬的同時，更有著顧忌。大家周旋得很好，心中卻都記著帳：「他的勳章，我將頒給他，但他的報紙會讓我安靜。」這種計算從來不屬於友誼的範疇。

真正的朋友不會計較這些。當有機會時，他們會互相效勞，但這種行為是那麼自然，以至於事後大家都忘掉了，即使不忘掉，也從不看作重要。正如拉封丹（Jean de La Fontaine）在貧困時，一個朋友請他住到他家裡，他毫不猶豫地答道：「好，我去。」這就是友誼的真諦：無需懷疑，無需計較。

拉羅希福可曾言：「在我們最好的友人的厄運之中，我們總找到若干並不可厭的成分。」這話似乎苛刻，但卻揭示了一個真理：我們常在他人的不幸中找到一種無法言喻的溫情。莫里亞克在《外省》（La Province）中提到，「我們很願幫助不幸者，但不喜歡他們依舊保存著客廳裡的座鐘。」這句話道出了人類天性中的矛盾。

在幸福的時光，我們擁有許多朋友；然而，當時代變遷，

愛與友誼的微妙界限

我們是否會孤獨？不，災患中我們絕不會孤獨。那些因為我們幸福而不敢親近的人，會在我們遭遇不幸時走向我們，因為此時他們感覺與我們更接近。

要成為一個共安樂的朋友，心中不應存著利害觀念。無利害觀念是友誼的要素之一。在朋友需要我們時，能夠預先猜透對方的思慮，在他尚未開口之前就助他，這才是真正的友誼。財富與權力的可愛處或許即在於我們能夠運用它們來使人喜歡，這才是友誼的真諦。

在友誼的世界中，除了無利害的互動之外，互相尊敬往往被視為維繫友誼的關鍵。「這真的如此嗎？」或許你會質疑，「我有一些朋友，雖然我並不敬重他們，但我仍然喜愛他們，敬與愛似乎是不同的。」然而，我認為這是一種誤解，特別是對於友誼的真正意義未能深入理解。事實上，我們都擁有一些朋友，對他們我們可以坦誠地說出一些難以啟齒的真相，而這種坦誠正是友誼的真正展現。

有些批評，若由外人提出，或許會引發我們的憤怒；但若是出自朋友之口，我們卻能夠坦然接受。這是因為我們知道，在那些批評之外，他們在許多更重要的方面是敬重我們的。這裡所謂的敬重，並不單純指道德或智慧上的優越，而是一種更為複雜的情感。他們在充分了解我們的優點與缺點後，仍然選擇了我們，並且愛我們甚於他人。正是這份尊敬，才能夠催生

出真正的坦誠，這是友誼中必須領悟的要點。

那些真正欣賞我們的人，無論是批評還是讚美，我們都能欣然接受。這是因為我們能夠在不失去自信的前提下接受批評，而這份自信對於我們的生活至關重要。文壇上一些美好的友誼，正是建立在這種錯綜複雜的情感之上。布埃耶（Louis Bouilhert）對弗羅貝的嚴酷批評，並未傷害到弗羅貝的自尊，因為布埃耶將他視為大師，而弗羅貝也深知這一點。

然而，我們必須警惕那些所謂「真誠的朋友」，他們的「真誠」往往令人沮喪。他們只關注我們的缺點，對我們的優點卻充耳不聞。同樣，我們也需提防多疑的朋友，他們無法理解我們的敬愛，甚至不明白人性中的複雜。他們總是過度解讀我們的情緒與行為，將其視作某種象徵。多疑的人無法成為真正的朋友，因為友誼需要的是完全的信任。

信任若需不斷被檢視與修補，便只會增加生活中的苦惱，而無法帶來愛的力量與支持。即便信任被誤用，我寧願承受來自虛偽朋友的欺騙，也不願對真正的朋友心存猜疑。真正的友誼，是在信任與尊敬中綻放的花朵，唯有如此，我們才能在這段關係中獲得力量與支持。

愛與友誼的微妙界限

信任的藝術

　　信任是一種深刻的力量，它能夠將人與人之間的距離縮短至無可分割。然而，毫無保留的信任是否意味著我們必須將所有的祕密傾訴於友人？我認為，唯有在這種情況下，友誼才算得上是真正的友誼。友誼的一個重要目的，是讓深藏在心靈深處的情感在社會生活中得以釋放。如果朋友所認知的只是一個虛幻的「我」，而非真實的「我」，那麼這種尊重與信任對我們還有什麼意義呢？

　　當兩個人交談時，如果找不到共同的回憶，談話便難以為繼。深入探究彼此的內心，觸及心底的隱祕，這些隱祕就如泉水般湧現。在枯燥的談話中，忽然觸及這些清新的內容，確實是一種極大的愉悅。然而，傾訴心腹之言並不容易，它需要極大的機警和謹慎，才能保護好友人的信任。在交談中，將他人的祕密揭露於人前，是一種常見的誘惑。當一個人找不到自己的故事時，可能會不自覺地利用他人的祕聞來引起注意。這樣的洩露即使並非出於本意，也會對友誼造成傷害。

　　如帕斯卡（Blaise Pascal）所言：「沒有一個人，在我們面前說我們的話和在我們背後說的會相同。人與人間的相愛只建築在相互的欺騙上面，假使每個人知道了朋友在他背後所說的話，便不會有多少友誼能夠保持不破裂的了。」普魯斯特

（Marcel Proust）也曾指出，我們若能看到自己在他人腦中的形象，定會感到驚訝。我補充一句，即便是在摯愛之人的腦中看到自己的形象，也可能會令人惶惑。因此，狡猾的人不必撒謊，只需不負責任地重述真實而不加檢點的言語，就足以摧毀美好的情感。

針對這種危險，我們不妨考慮一些補救措施。有些心腹之言，其機密與危險程度，只能對那些職責上保守祕密的人傾訴，例如教士、醫生，或是小說家。小說家能夠將真實化妝為藝術，從而在現實生活中更能謹守祕密。這樣的信任，不僅是對他人情感的保護，更是對友誼深度的考驗與昇華。

在社交生活中，我們常常面臨這樣的難題：有些人喜歡傳播別人對我們的評價，這些話可能讓我們尷尬，甚至破壞與朋友之間的和睦。對於這種行為，我們應該採取極為嚴厲的態度來應對。最有效的方式不是與那些傳話的人決裂，因為這些話往往無法得到證實，而是果斷地與那些喜歡報告是非的人劃清界限。這種人經常攪擾我們的平和生活，讓我們與朋友之間產生不必要的誤解和衝突。

此外，我們應該在任何情況下都保護自己的朋友。這並不意味著要否認事實，因為我們的朋友並非完美無瑕，他們可能會犯錯或做出不當行為。然而，重要的是我們要勇敢地表達對朋友的尊重和信任，這才是維持友誼的關鍵。我曾經認識一位

女士,當有人在她面前批評她的好友時,她只是簡單地回應:「這是我的朋友。」然後拒絕繼續討論。我認為這種做法是非常明智的,因為它表達了對友誼的忠誠和堅定。

由此,我們可以得出一個重要的結論:友誼如同愛情一樣,需要一種誓約。這種誓約不是口頭上的承諾,而是行動上的支持與信任。就像波納爾所定義的那樣,友誼應該是建立在相互理解和尊重的基礎上。無論面對什麼樣的困難和挑戰,我們都應該堅守這份珍貴的誓約,因為真正的友誼值得我們去維護和珍惜。

在這個複雜多變的世界中,擁有幾位能夠信賴的朋友是一種莫大的幸福。讓我們珍視這份情誼,並在需要時勇敢地捍衛它。這不僅是對朋友的支持,也是對我們自己信念的堅持。友誼的誓約,是我們心中永不熄滅的燈塔,指引著我們在生命的旅途中找到方向。

友誼的永恆選擇

友誼,這種人際關係中的珍貴情感,常常被視為我們對某一人物的絕對選擇。這種選擇基於他們的天性,而一旦我們選擇了這段關係,就意味著這份情誼將持久不變。阿蘭對於友誼的理解也與此相仿,他認為友誼是一種自由而幸福的願望,將

原本的同情心昇華為一種永恆的和諧。這段關係超越了情欲、利害、競爭和偶然，成為一種超然的存在。

然而，阿蘭也強調，友誼需要始終不渝的決心。沒有這種決心，友誼就會變得過於輕率，隨時可能被拋棄或淡忘。試想一個人翻閱他的友人名錄，就像檢視時鐘一樣，隨意地決定愛與不愛，這樣的關係便如同感受冷熱一樣隨便。

實利主義者對此有不同的看法，他們認為情操只是一種事實，並且對友誼的理解更為功利。他們的友誼契約可能是這樣的：「當我是你的朋友時，我是你的朋友；這是出於一時的情緒，我不承擔任何責任。或許某天，我會感覺你對我如同陌生人，那時我會告訴你。」這種言辭無論在哪裡出現，都表明這些人並不真正相愛。

真正的友誼需要承受住時間的考驗和生活的變遷。它不是隨意的選擇，也不是一時的激情，而是一種持續的承諾。這種承諾不僅基於對彼此的認同和欣賞，更需要有面對困難時的堅持和包容。在這樣的友誼中，雙方都願意為彼此的幸福付出，並且在彼此的生命中扮演重要的角色。

因此，友誼不是一時的衝動，而是一種深思熟慮的選擇。它是對彼此的信任，是一種不輕言放棄的責任感，是在人生旅途中共同成長的承諾。這樣的友誼，才是真正值得珍惜和追求的永恆選擇。

愛與友誼的微妙界限

不,友情從來不應附帶任何條件。一旦結為朋友,便是永遠的盟約,不論境遇如何改變。倫理家可能會質疑:「如果你的朋友犯下罪行,甚至被判刑,你還會愛他嗎?」是的,正如司湯達筆下的朱利安(Julien)的朋友伏格(Fouqué),他不也陪伴著朱利安,甚至在他被送上斷頭臺時仍不離不棄嗎?吉卜林在他的詩〈千人中之一人〉中寫道:在千人之中,或許只有一人能夠在關鍵時刻支持我們,超越兄弟之情。這樣的朋友,我們應當不懈尋找,即便需要耗費二十年的光陰尋覓,這段艱辛的旅程也是值得的。因為若能找到這樣一位朋友,二十年的苦難也顯得微不足道。

然而,千人中有九百九十九人,對我們的評價不過是隨波逐流,與世俗無異。他們的關心常常取決於我們的財富或名聲,對我們的付出與承諾也往往是出於利益考量。然而,千人中那唯一的一人,卻是無論在何種情況下,都會站在我們身邊的朋友。即便是在眾人與所謂的朋友們都背棄我們的時刻,他依然會勇敢地支持我們。

真正的友情不在於禮物、歡樂或是服務與承諾的交換。我們不會將這些膚淺的東西交給那唯一的一人。因為九百九十九人會根據我們的地位與成就來評判我們,但那千人中之一人,卻是因為我們本身而珍惜和愛護我們。

這樣的友情是值得我們用一生去追求的。它不是出於條件

的交易，而是一種無條件的承諾。因為在這樣的友誼中，我們找到了真正的支持和理解，即使在最困難的時刻，我們也不會感到孤單。這是友情的最高境界，是值得我們用心去珍惜和維護的。

眞摯友誼的試煉

是啊……噢，我的兒子！在這茫茫人海中，若你能找到那位真正的朋友，那麼即便遠涉重洋，也不必感到膽怯。因為在千人之中，總有那麼一個人，會毫不猶豫地跳入水中來救你，即使最終與你一同沉沒，也無所畏懼。若你曾經使用過他的錢，他不會在意；即便他用盡了你的資源，也不會因此怨恨你。明日，他仍會如常來到你家中，與你談笑風生，毫無怨艾之意。

在這個世界上，九百九十九個偽友，日復一日只知談論金錢和利益，但那千人中唯一的真摯友人，絕不會將你拋棄於惡神的祭壇。他承擔著你的過失，分享著你的榮光。你的聲音就是他的聲音，他的家亦是你的庇護所。無論他在何處，無論他是否理直氣壯，我願你能像我一樣，噢，我的兒子，竭力維護這份珍貴的友誼。

當你運氣不好、當你成為眾人嘲笑的對象，九百九十九個

俗人會迅速遠離你。但那千分之一的朋友，卻會毫不猶豫地站在你的身旁，即使面對絞刑臺，他也會與你並肩而立，甚至甘願走得更遠。這是一千個男人中的一個……亦是一千個女子中的一個。

在這樣的情境下，我們不得不思考：女人與女人之間的友誼，男人與女人之間的友誼，究竟有何不同？在這世間，真正的朋友無關乎性別，而在於心靈的契合與互相的理解。當我們能夠超越世俗的偏見，超越金錢與利益的束縛，找到那位願意為我們付出一切的人，便找到了人生中最珍貴的財富。

所以，噢，我的兒子，當你在這廣袤的世界中尋找友誼時，請記得珍惜那唯一可以與你共度難關的人，因為這樣的友誼，才是生命中最為無價的寶藏。

女性之間的友誼，經常被認為是一種深刻且複雜的情感連繫。這種友誼往往帶有一種熱情，甚至比男性之間的友誼更具波折和深度。女性之間的友誼不僅僅是情感的連結，還常常包含著一種對抗外部世界的共謀性質。這種共謀性質，無論是對抗家庭、其他女性族群，甚至是男性，都是女性友誼中不可忽視的一部分。

年輕女性之間的友誼尤其如此，她們在成長過程中常常面臨來自社會和家庭的諸多限制和期望。這種內外壓力的存在，使她們需要一個能夠理解和支持自己的知己。19 世紀的社會

背景下，女性在家庭中幾乎無法表達自己的真實想法，這使得她們更加渴望擁有一位能夠聆聽和理解自己的朋友，如巴爾札克在《兩個新嫁娘》中所描繪的那樣。

然而，婚姻常常成為這種友誼的試金石。當婚姻成功時，它可能會暫時中斷這種友誼，因為婚姻帶來的情感需求和責任常常壓過了友誼的空間。然而，若婚姻失敗，友誼便重拾舊有的角色，這次的共謀可能是對抗丈夫，而非家庭。這種反抗男性的女子聯盟，對於某些女性來說，甚至可能持續一生。

但這種友誼也面臨著自身的挑戰，尤其當涉及到同一個男性時。當一位女性看到自己的朋友與自己心儀的男性過著幸福的生活時，若要毫無妄念地接受這一切，需要極大的精神力量和對自身幸福的信心。有些女性可能會在此時滋生破壞的念頭，這種念頭不僅僅是為了男性本身，而是為了反抗她的女性朋友。

這種情感的複雜性在不同的社會中有著不同的表現。在美國，由於男性對女性的關注度不如歐洲那般強烈，愛情在美國人的生活中占據著次要的位置，這使得女性之間更容易締結深厚的友誼。這樣的社會環境，使女效能夠在少受情感競爭壓力的情況下建立友誼，從而更專注於彼此的支持和理解。

友誼的試煉

在這個世界上，若一位女性同時具備高尚的知識與心靈，她便能夠締造出真正美滿的友誼。拉斐特夫人和塞維涅夫人便是這樣的典範。她們從年輕時相識，直到生命的終點，彼此之間的友誼從未遭受過任何裂痕，彼此的情感也從未因此而減少。即使偶有爭論，也僅僅是為了爭辯誰對誰的愛更深這個問題罷了。

然而，這樣的深厚友誼卻常常引來旁人的嫉妒。塞維涅夫人的女兒，格里尼昂伯爵夫人，就是一個典型的例子。她對母親與拉斐特夫人之間的親密關係充滿嫉妒，這種情感在家庭中並不罕見。畢竟，朋友常常被視為家庭的競爭對手，不論這位朋友是男性還是女性。尤其在婚姻中，女性常常會讓丈夫與他的朋友疏遠，這樣的情形屢見不鮮。

這種現象的背後，或許有一種深層的心理機制在運作。就如跟我們在探討婚姻問題時所提到的，有一種典型的男性談話風格，這種風格只吸引男人，卻讓大多數女性感到厭倦，這種現象無疑是一種奇特的友誼撥弄。

自戲劇作家開始創作以來，丈夫與妻子的情人之間能夠建立友誼，這種情節總是被用作諷刺的題材。這難道不是一件滑稽的事情嗎？事實上，在這兩個男人之間，比起情人與情婦之

間,他們有更多可以談論的話題。他們之間的友誼是真誠的,而情人與情婦的關係往往也因為有丈夫在場才得以維持。一旦丈夫不再願意擔任這個居間者的角色,或者他出外遠行,甚至離婚,那麼這對情人的關係就會立刻崩潰。

這類繁複的情感關係,無論是友誼還是愛情,總是受制於各種外在的條件與內在的情感動機。這使得真正純粹而持久的友誼顯得愈發珍貴。就如拉斐特夫人和塞維涅夫人,她們的友誼不僅僅是情感上的聯結,更是一種超越世俗的精神契合。這樣的友誼,才能夠在時光的流逝中,依然保持其燦爛的光輝。

在我們的生活中,男女之間的友誼是否真實可行,一直是一個充滿爭議的話題。這種友情能否與男性之間那種純粹而深厚的友誼相媲美?普遍的看法往往是否定的。許多人認為:「在這種交往中,怎會沒有性別的成分呢?即使最端莊的女性,難道不會感受到某種程度的吸引力嗎?」對於一個男人來說,如果他能在女性的陪伴下,享受友誼所能帶來的自由,而不感受到任何情欲的衝動,那麼這種情況反而顯得不尋常。在這樣的情境中,情欲往往會自然而然地發生作用。男人為了征服女性,往往會失去真誠。嫉妒也會悄然滲透,擾亂了那種精神上的溝通所需的寧靜與清明。

友誼是建立在信任之上的,它需要兩個人的思想、回憶、以及希望的趨於一致。然而,在愛情中,取悅對方的念頭往往

取代了信任。思想與回憶經過了愛情中狂熱與不安的情感的滲透，變得不再那麼清澈和純粹。友誼生於安全、幽密與細膩熨帖的環境中，而愛情則在強烈的情感、快感與恐懼中存活。

然而，是否真的不可能存在一種不受情欲干擾的男女友誼呢？或許這需要雙方都能保持高度的自我認知和情感控制。這樣的友誼可能需要更高層次的理解和包容，兩人都能超越性別所帶來的吸引力，專注於精神上的交流和支持。

在這樣的友誼中，信任依然是關鍵。兩人必須能夠坦誠相待，分享彼此的思想和感受，而不必擔心由此產生的情感糾結。這種友誼也許不常見，但並非不可能。它需要雙方都能以成熟的心態面對彼此，並尊重對方的界限。

在探索男女之間友誼的可能性時，我們不僅是在尋找友情的界限，更是在尋找人際關係中愛與理解的平衡點。這是一個充滿挑戰的過程，但同時也是我們不斷成長和學習的機會。

友誼與愛情的微妙平衡

在我們的人際關係中，友誼和愛情各自占據著獨特的地位，兩者之間的界限有時模糊而微妙。友誼的價值在於其無拘無束的自由，允許我們在彼此的陪伴中無需過多顧忌。然而，愛情卻常常伴隨著深沉的恐懼，擔心失去所愛之人的不安如影

隨形。這種恐懼使我們不敢輕易寬恕，即便是微小的過失也可能引發巨大的波動。

狂熱的愛情中，誰能在激情燃燒時想到諒解與寬容呢？唯有不再愛或從未真正愛過的人，才能在這樣的時刻保持理智。文學和歷史中，男女之間的純粹友誼雖有記載，卻多數屬於不完全的虛幻類別。

第一類是缺乏勇氣的雛形愛情，這種情感因為膽怯而停留在友誼的邊緣。普魯斯特曾描寫過這類缺乏力量的男人，他們的內心祕密很快被女人看穿，卻因這份真誠而贏得尊重。女人們願意與他們做伴，對他們說些溫柔話語，表現出無邪的舉動。然而，這些所謂的朋友最終常常被情人所取代，成為愛情的犧牲品。這樣的例子不勝列舉，如盧梭（Jean-Jacques Rousseau）、儒貝爾（Joseph Joubert）和阿米爾（Henri Frédéric Amiel）等人的女性朋友。

偶爾，女人也可能成為這種傳奇人物，從而產生一種戀愛式的友誼。雷卡米耶夫人（Mme Récamier）的故事便是這樣的典範。然而，這些戴著愛情面具的友誼，無論多麼動人，最終都顯得黯淡無光。

從這些例子中，我們可以看到，友誼和愛情之間的界限並不總是明確的。有時，友誼可能演變為愛情，或是愛情回歸為友誼。這種轉變需要勇氣和智慧，因為在這個過程中，我們必

愛與友誼的微妙界限

須面對內心最真實的渴望與恐懼。友誼與愛情的平衡,是一門微妙的藝術,需要我們在關係中不斷地學習與成長。

在生命的黃昏時分,老年人常常渴望從友誼中尋求慰藉,因為他們已走過了戀愛的季節。這段人生旅程的後期,正是締結友誼的最佳時機。為什麼?因為此時的他們已不再只是男人或女人,性別的界限變得模糊,取而代之的是一種更深層次的精神連繫。那些曾經讓人心跳加速的賣弄風情和嫉妒,如今僅僅是記憶中的片段和抽象的概念。然而,這些回憶和概念卻為老年的友誼增添了幾分惆悵而難以言喻的韻味。

當然,有時候友誼的雙方並不都是老年人,這使得情況變得複雜。一方可能仍然年輕,另一方則已步入老年。這種不對等的關係常常讓年長的一方感到對方的冷漠,心中難免生出苦澀。然而,在某些特定的情境下,這樣的友誼卻能夠開花結果。比如,那些曾經放浪不羈的青年在退隱後,往往能夠在與年輕人或女性的友誼中找到共鳴,就像拜倫與曼蒲納夫人之間的情誼。而在老年人與少婦之間,也可能形成一種美滿的友誼,如曼蒲納勳爵與維多利亞女王之間的故事。

然而,這樣的關係是否真的可以被稱為友誼,值得深思。因為對年長者來說,這種關係中常常夾雜著一絲可憐的戀愛成分,而對年輕者來說,則可能只是一種落寞的情感。這種不均衡的感情交流,讓友誼的定義變得模糊不清。然而,不論如

何,這樣的友誼對於老年人來說,仍然是一種慰藉,一種在孤獨中尋找的心靈寄託。

在老年的友誼裡,我們不僅看到了人與人之間的情感變遷,也看到了時間的流逝是如何影響著人的心靈。這種友誼或許不如年輕時的戀愛那般熱烈,但卻更為深沉和持久。它是生命旅程中一段溫暖的插曲,為老年人的生活增添了一抹柔和的光彩。

友誼與愛情的交錯

在生命的旅途中,有一種特別的情感,存在於那些曾經是戀人,如今卻轉化為友誼的關係中。這種情感如同一種甜蜜而單調的旋律,持續在心中迴響。過去的熱情或許已經平息,但那段回憶卻如珍貴的畫卷,永遠珍藏在心底。對於這樣的男女來說,他們不再是陌生人,而是經歷過深刻情感連結的知己。

在這樣的友誼中,過去的情感經歷使他們免於嫉妒和虛情假意的困擾。如今,他們可以在一種全新的方式中自由地合作,彼此的了解讓他們的友誼超越了尋常的界限。然而,即便是在這樣的情況下,我們仍然不得不承認,男女之間的友誼,若非全然可能,也總是帶著一些與純粹友誼不同的微妙情感。

倫理學家往往對這種「雜有愛的成分的友誼」提出質疑,

認為其中包含著潛在的情感複雜性。然而，這種友誼的價值不容忽視。若以欲念來衡量男女之間的關係，未免過於狹隘。事實上，男女之間的智識交流不僅可能存在，甚至往往比男人與男人之間的交流更為成功。歌德曾提到，這種智識上的交流是一種深刻而富有意義的互動。

在這樣的友誼中，雙方不僅共享過去的美好回憶，還能在智識上相互啟發，創造出一種獨特的聯結。這種友誼不僅僅是對過去情感的延續，更是一種成熟的情感昇華。它讓人們在彼此的陪伴中，發現更多生活的可能性，並在這樣的過程中，成就一段不尋常的友誼。

因此，儘管男女之間的友誼可能帶有一些不同於純粹友誼的情感，但這並不妨礙其成為一種值得珍視的關係。它提醒我們，愛與友誼並非截然不同的情感，而是可以在某些時刻交錯融合，創造出一種更為豐富的人生體驗。

當一個少女對學習充滿熱情，而一位青年男子熱愛教學時，這兩個年輕人之間的友誼就如同一幅美麗的畫卷。或許有人會質疑，認為這位少女的求知欲只不過是她潛意識中欲望的偽裝。然而，這真的那麼重要嗎？如果這種欲望能夠激發思想，消除虛榮，那麼它便是值得歡迎的。在男女之間，合作與欣賞遠比競爭來得自然而和諧。

在這種心靈的交融中，女性可以毫不費力地擔任她的雙重

角色。她為男性提供了一種精神上的力量和勇氣,這是他們在沒有女性朋友時無法獲得的。如果這樣的智識友誼最終引領兩人走向婚姻,那麼這種愛情便是充滿熱情的力量,卻沒有熱情多變的愛情了。

共同的事業為婚姻生活帶來了穩定的元素。它消除了危險的幻想,使想像力更具規律性。因為彼此都有工作,閒暇的時間自然變得有限。我們曾描述過,許多幸福的婚姻,經過數年的相處,最終轉變為真正的友誼。在這樣的關係中,尊重與精神上的溝通是最為美好的形式,這些都在這樣的婚姻中得以實現。

在這樣的結合中,兩人不再是單純的伴侶,而是彼此的支持者和靈魂的知己。他們共同面對生活中的挑戰,分享彼此的喜悅與悲傷。在這種穩定而深厚的關係中,他們的愛情不再僅僅依賴於激情,而是建立在共同的價值觀和目標之上。

這樣的愛情並不僅僅停留在表面的浪漫,而是深入到生活的每一個層面。它是一種持久的力量,讓兩人能夠在歲月的流逝中,依然緊緊相依。這種愛情不僅成就了彼此,也豐富了他們的人生,使其充滿意義和活力。

愛與友誼的微妙界限

男女之間的情感界限

在婚姻之外，男女之間建立深刻而可靠的情感連繫並非不可能。然而，這種連繫永遠不能完全取代愛情的存在。英國小說家勞倫斯曾在一封信中對一位女士表達了這樣的觀點。這位女士希望與他建立一種純粹的精神友誼，然而勞倫斯回應道：「男女間的友誼，若要把它當作基本情操，則是不可能的……不，我不要妳的友誼，在妳尚未感到一種完全的情操，尚未感到妳的兩種傾向（靈與肉的）融和一致的時候，我不要如妳所有的友誼般那種區域性的情操。」

勞倫斯的這番話耐人尋味，值得我們深入探討。他的觀點揭示了一個深層的真理：在男女之間，單純的友誼往往難以成為生活的核心情感。女性在感受情感時，受到的生理影響往往超出她們的想像。那些在生理上吸引她們的人，通常在她們的生活中占據著重要地位。這種吸引力不僅僅是表面的，更深刻地影響著她們的情感選擇和行為。

當這樣的生理吸引與精神上的連繫相互交織時，女性可能會在不自覺中，將這種吸引力視為一種更高層次的情感。即便是最完滿的精神友誼，也可能在這種吸引力面前變得脆弱無力。女性在面對這種情感時，往往會在不知不覺中做出選擇，將她們的情感投入到這種吸引力中，甚至不惜犧牲原有的精神

友誼。

　　因此，當我們探討男女之間的情感連繫時，必須認知到這種生理和心理交織的複雜性。這並不是否定精神友誼的價值，而是提醒我們在面對情感選擇時，需要更加清晰地認知到內心深處的渴望和影響。女性在處理這種情感時，應該更加敏銳地感知自己的感受，並尋求一種平衡，讓自己的情感選擇更加符合內心的真正需求。這樣，才能在愛情與友誼之間，找到屬於自己的和諧之路。

　　在情感的世界裡，女子最大的危險莫過於將友誼偽裝成性感的角色，利用巧妙的方式去對待男友，並用思想掩蓋她內心深處的欲望。而對於男子而言，若甘願被女子如此擺布，則更加危險。幸福的愛情中，一切對自我的確信都可能無處可尋。正如瓦勒里所言：「愛情的真價值，在於能增強一個人全部的生命力。」如果純粹屬於精神層面的友誼，實際上只是愛情的幻影，那麼它反而會削弱生命力。

　　當男子接近「愛的征服」卻察覺其不可能實現時，便開始懷疑自身的價值，覺得自己無能為力。勞倫斯曾表示：「我拒絕這種微妙的友誼，因為它可能損害我人格的完整。」男女之間友誼的錯雜問題至少有兩種解決途徑。第一種是友誼與愛情的混合，即男女間的關係既包含精神也涉及肉體。第二種是擁有各自均衡性生活的男女友誼。如此，已經獲得滿足的女子便

不會暗自將友誼轉向不完全的愛情。

勞倫斯還提到:「要的話,就要完全的,整個的,不要這分裂的、虛偽的情操。所有的男子都厭惡這一點,我亦如此。問題在於覓取妳的完整人格。唯有如此,我們的友誼才可能存在,才有衷心的親切之感。」在男女友誼中,若刻意忽視肉體的存在,便是一種瘋狂的行為。因為男女在生活中,若忽略了肉體的作用,終究會導致關係的失衡與破裂。

因此,男女之間的友誼與愛情不僅僅是精神與肉體的簡單結合,而是需要在滿足彼此需求的基礎上,追求一種完整而真誠的關係。這樣的關係既能增強雙方的生命力,又能保障彼此人格的完整與尊重。只有在這樣的基礎上,男女之間的友誼才能持久,才能真正實現衷心的親密。

靈魂的契約:宗師與信徒的深刻聯結

在我們探索友誼的多樣性時,一種特別深邃的聯結引起了我們的注意,那便是宗師與信徒之間的關係。這種關係,如同一種超越世俗的友誼,常常被那些追求靈魂深度的人所嚮往。因為在這種關係中,信任不再是一種脆弱的試探,而是一種穩固的契約。這種聯結超越了日常的親密,達到了一種無人格性且無私的信任。

靈魂的契約：宗師與信徒的深刻聯結

在人類的情感世界中，傾訴祕密雖然是親密關係的一部分，但它往往伴隨著風險與不安。友誼如愛情，主動的一方容易陷入錯誤和誤解的泥沼。反之，那些追求靈魂深度的人，則會尋求一種更安全的連結。他們渴望一位無人格性的朋友，能夠在不需擔心背叛的情況下，無條件地信賴。

這種關係的核心在於一種精神上的交流，這種交流能夠撫慰心靈深處的痛苦，並將那些痛苦以某種方式在社會生活中重新展現。這種重新展現，並不是單純的重複過去，而是一種反思與超脫。大多數人在心中都面臨著靈與肉的衝突，這是一種普遍且不可避免的矛盾。他們明白在社會的框架下不應該追求某些欲望，但內心深處仍無法忽視這些真實存在的渴望。

文明和社會的存在，讓人類得以馴服內心的野性力量，然而，這些力量並未真正消失。它們如同被囚禁的惡魔，雖然被鎖住，卻仍在心靈的牢籠中怒吼不已。這種內在的動盪，使我們時常感到迷茫與不安。我們或許能夠在口頭上堅持法律與規範，但內心深處，卻總是對這些束縛抱有疑問。

在宗師與信徒的關係中，這種內心的掙扎得以被理解與接納。信徒在宗師的引導下，能夠更容易理解自身的矛盾，並找到一條通往內心平和的道路。這種深刻的聯結，不僅僅是友誼的昇華，更是靈魂的一次深刻契約。

在這個繁忙而瞬息萬變的世界裡，許多男女因缺乏信仰而

愛與友誼的微妙界限

感到迷茫,渴望找到一位能夠理解其內心深處的知己。這樣的知己並不容易尋覓,然而,有一類人能夠在無形中承擔這一角色,那就是那些具有崇高職業觀念的醫生。他們以一種毫無成見的客觀精神,傾聽著病人內心深處的懺悔,無論這些懺悔多麼駭人聽聞,亦不會動搖他們的專業判斷。這種客觀的態度,使得病人得以毫無保留地傾訴心聲。

著名心理學家榮格醫生(Carl Gustav Jung)曾經指出:「我絕非說我們永遠不該批判那些向我們乞援的人的行為。但我要說的是,如果醫生要援助一個人,他首先應當從這個人的本來面目上去觀察。」這段話強調了醫生在面對病人時所需具備的同理心與理解力。醫生不僅僅是疾病的治療者,還應該是一位洞察人性、了解人心的藝術家,運用哲學家的智慧與小說家的洞察力去認識他的病人。

一位偉大的醫生,應該能夠超越單純的醫療技術,將自身提升至精神上的導師,成為病人的心靈朋友。他們不僅用藥物和技術來治療病人的身體,還用深刻的理解與關懷來撫慰病人的心靈。這種雙重治療的方式,使得病人能夠在身心兩方面都得到康復。

在這樣的醫療過程中,醫生不僅是治療者,更是患者心靈的守護者。他們以一種無私的奉獻精神,陪伴在病人身旁,成為他們在困難時期的支柱。這種精神上的支持,往往比任何

藥物都更能帶來持久的治療效果。正因如此，醫生不僅是醫學上的專家，更是心靈的醫者，為病人提供無價的精神支持與陪伴。這樣的醫生，無疑是我們這個時代最為珍貴的存在。

精神的友誼與思想的引導者

在我們的人生旅途中，小說家常常扮演著不相識的朋友的角色，幫助我們在內心的掙扎中找到慰藉與力量。讀者可能會在某個時刻，因為自身的某些情感或思想而感到孤獨或罪惡，甚至懷疑自己是否異於常人。然而，當他們偶然間翻閱一本優秀的小說，發現其中的人物與自己有著相似的經歷和情感時，他們會感到一種莫名的安慰。這種共鳴讓他們意識到，自己並不孤單，因為在這個世界上，還有其他人與他們有著相同的感受。

托爾斯泰和司湯達的作品中，那些生動的角色曾經幫助無數年輕人度過人生的難關。這些角色所傳達的思想和情感，成為讀者心靈的支撐，重新燃起他們對生活的信心。有時候，人們甚至會將自己的思想完全交給一位他們認為比自己更有智慧的思想家或作家，將其視為精神上的導師。這種信任不僅讓他們獲得了一位朋友，更讓他們有了一位指引方向的宗師。

我曾經將哲學家阿蘭視為我的精神導師。這並不意味著我

愛與友誼的微妙界限

在每一個問題上都與他持有相同的觀點。相反,我們在許多重要的問題上有著不同的看法。然而,我依然從他的思想中汲取養分,並以開放的心態去接受他的觀點。這是因為,對於任何一種思想的理解,信仰都是其中不可或缺的一部分。

選擇你的思想導師吧,但在做出選擇後,在你開始駁斥他們之前,先試著去理解他們。因為在任何形式的友誼中,缺乏忠誠都是不可行的。在精神的友誼中,我們需要以真誠和忠誠來維持這種思想上的交流和理解。這樣的友誼,不僅能豐富我們的思想,更能在我們面對人生困境時,提供無形的支持與引導。

在我們的生活中,忠誠是一種能讓我們與偉大心靈為伴的力量,它如同一個精神上的家庭,提供我們無盡的啟發和支持。前幾天,有人告訴我一個關於格勒諾勃爾地區的木材商的故事。他是一位名叫蒙田的哲學家的朋友,無論去哪裡旅行,他都不忘隨身帶著他心愛的宗師的一本書。這種深厚的情誼讓我不禁想起那些如夏多布里昂(François-René de Chateaubriand)和司湯達等偉大人物在逝去後,依然存在於我們心中的友誼。

這種友誼值得我們去培植,甚至達到一種狂熱的程度也無妨。與偉大心靈的接觸能帶領我們進入一個崇高的境界,在那裡,我們會發現心靈中最美麗和最善良的部分。為了能與柏拉

圖、帕斯卡等偉大人物親密接觸，即使是最深沉的人也願意卸下他們的面具。誦讀一本好書，其實就是一場不斷進行的對話。書籍在講述，我們的靈魂在回應，這種交流讓我們的心靈得到豐富和滋養。

有時，我們所選擇的精神導師不一定是作家或哲學家，而可能是一位行動者。他們周圍總是聚集著一群忠實的朋友，這些朋友在他的指導下共同努力，實現著偉大的目標。這些行動者的生命故事和他們所傳遞的價值觀，成為我們心靈成長的重要泉源。

這樣的精神連繫不僅僅是一種知識的傳遞，更是一種心靈的對話。它讓我們在孤獨的時候不再孤單，因為我們知道有這些偉大的心靈在陪伴著我們。書籍不僅是文字的集合，更是智慧的聚集地，是我們靈魂永恆的對話夥伴。透過這種交流，我們可以找到生活的意義，並在這個過程中，讓自己的心靈變得更加豐富和深邃。

友誼的織網：文明的基石

在那個充滿挑戰的時代，工作上的友誼如同一股清流，滋潤著每個人的心靈，使之不受嫉妒與怨懟的侵蝕。這些友誼因著共同的目標而美滿，同時也因為行動而變得充實。每一個夜

晚，大家聚集在一起，分享白天的成績與經歷。這種分享不僅僅是成果的展示，更是希望的共鳴與艱難的分擔。

在軍官與工程師的團體中，利奧泰（Louis Lyautey）和羅斯福（Franklin D. Roosevelt）的周圍，這種友誼尤為明顯。這裡的「領袖」並不是靠威嚴或恐懼來統治，而是如同一位朋友，以細膩和真誠贏得大家的尊敬與信任。他是眾人公認的倡導者，是這個充滿友誼的集團的核心。

過去我們曾提到，一個廣大的社會要想生存，必須依賴它的原始細胞，這些細胞最初是夫婦，最終形成家庭。在一個人體內，除了結膜和上皮組織，還有神經系統等更為錯綜複雜的細胞，它們彼此緊密相連。同理，我們的社會首先由家庭組成，這些家庭又彼此連繫，因著友誼或欽佩而形成更複雜的結合。

在這樣的結合中，肉體的愛情與精神的愛情交織在一起，形成了一層輕巧而纖弱的經緯。雖然看似脆弱，但這層經緯卻是人類社會不可或缺的基礎。正是這種愛慕與信任的組織，擁有著忠誠的堅守，成為整個文明的基石。

如今，我們或許能夠窺探到這種組織的美妙，它不僅維護著人類的忠誠，更支撐著文明的延續。在這個充滿變遷的世界中，友誼與信任交織成的網路，為人類提供了持續前行的力量和勇氣。

友誼的織網：文明的基石

    在職場中建立的友誼，常常是美好且純粹的，因為它們源自共同的目標與願景。這種友誼並不涉及嫉妒，因為每個人都在追求同一個理想。這些友誼是幸福的，因為共同的行動讓它們得以充實，不讓卑劣的情感有滋生的空間。在工作結束後，大家聚集在一起，分享彼此白天的成果。這樣的交流讓每個人都能參與到同樣的希望中，也讓他們能共同分擔挑戰與困難。

    在軍官和工程師的團隊中，圍繞在利奧泰和羅斯福周圍的友誼就是這樣的例子。在這些團體中，領袖並不是透過權力或恐懼來管理，而是以朋友的身分出現。他們有時甚至是非常細膩的朋友，是大家公認並尊敬的倡導者，也是這美好友誼圈子的核心人物。

    我們曾提到，要讓一個廣大的社會得以生存，必須依賴其原始細胞的組成。這些原始細胞首先是夫婦，然後是家庭。就像在一個生物體中，不僅有結膜和上皮的組織，還有神經系統中更錯綜複雜、彼此緊密相連的細胞。同樣，我們的社會應被視為首先由家庭構成，這些家庭相互連繫，形成更加緊密的關係，因為友誼或欽佩而產生一種更複雜的結合。

    在肉體的愛情之外，靈魂的愛情編織出一層輕盈的經緯。雖然這層經緯看似脆弱，但人類社會若無此，便無法生存。這種愛慕與信任構成了一個美妙的組織，並受到忠誠的維護。它是整個文明的基礎，支撐著人類社會的執行。

愛與友誼的微妙界限

　　這種友誼與信任的網路是如此美妙,它不僅在工作中提供支持,還在生活中帶來安慰。它們是文明的根基,讓我們的社會得以在複雜多變的世界中不斷成長與發展。正是這些看似細微的情感連繫,成為我們共同生活的強大支柱。

變遷中的制度與挑戰

婚姻與家庭作為社會的基石,無論時代如何變遷,始終保持著相對的穩定性。然而,與此相對的是,我們的政治和經濟制度卻如同漂浮不定的船隻,隨著時代的浪潮而搖擺不定。在這樣一個充滿變革的時代,本能的自動適應能力常常被新奇的事物所迷惑。

當今,物理學家和化學家在短短的時間內便能引發風尚與貿易的騷動,這是前所未有的現象。人類面臨著貧窮的壓力,缺乏基本的生活資源,如糧食、衣服、住房和交通設施。然而,隨著許多新興力量的發現,我們如今擁有了透過少量勞動便能大量生產的技術。按理說,這些技術應該成為人類幸福的泉源,但事實卻並非如此。

社會在駕馭這些新力量時顯得極其遲緩。由於精神和意志的衰弱,我們在充盈的糧倉前卻依然忍受飢餓,在空無一人的房屋前卻依然受凍。我們了解生產的奧妙,卻對如何分配一無所知。我們所創造和鑄造的貨幣,不僅欺騙了我們,還將我們

變遷中的制度與挑戰

束縛住。正如在馬車時代建造的木橋無法承載運貨汽車的重量一樣，我們為簡單社會設計的政治制度，已無法承受新經濟的重負，必須進行重建。

這一切表明，我們正處於一個需要重新審視和改造社會制度的關鍵時刻。面對這些挑戰，我們需要的是創新的思維和堅定的意志，以便能夠有效地運用我們所擁有的技術和資源，為人類創造一個更加公平和繁榮的未來。只有這樣，我們才能真正實現技術帶來的幸福，避免在豐富的資源面前感到無助和絕望。

在思索未來的改變時，我們必須認知到，期待一夜之間完成再造大業是既危險又幼稚的錯誤。雖然幾個夜晚或許足以草擬一個計畫，但要真正改造一個社會，則需要經歷數年，甚至數十年的經驗累積、反覆修改與無數的痛苦掙扎。人類的智力有限，無法窺探所有問題的深層本質，更無法預測所有答案和未來的走向。

回顧 1825 年，當時的歐洲正面臨著與今日相似的危機。工人們因不滿而掀起暴動，砸毀機器，對未來充滿不確定性。然而，誰能預見五十年後的歐洲會達到某種平衡狀態呢？那時的麥考利（Thomas Macaulay）只能預言，這種平衡狀態終將到來。這種信念，讓我們在今日同樣抱持信心，因為人類的歷史尚未終結，它才剛剛開始。

未來的百年，科學的發現將引領我們走向必要的社會改革。然而，這種改革不會一蹴而就，而是會以緩慢的步伐進行。我們必須做好初步的準備，深入研究當前的形勢，為即將到來的適應做好準備。這種適應將是脫胎換骨的，但它需要時間。

在這過程中，我們需要保持耐心與堅韌，不斷學習和調整。社會的每一次進步，都需要人們付出巨大的努力和智慧。這不是單靠一個人的力量就能完成的，而是需要整個社會的共同努力。我們必須團結一致，攜手面對未來的挑戰。

因此，在面對未來的時候，我們不僅需要勇氣和信心，更需要深思熟慮的計畫和持之以恆的努力。只有這樣，我們才能真正實現社會的再造，迎接一個更加美好的未來。

迎接未知的未來

相信一個社會的重建可以迅速完成，是一種危險且幼稚的錯誤。幾個夜晚或許足以勾勒出一個計畫，但要付出多少年的經驗累積、反覆修改和艱辛努力，才能真正重塑一個社會呢？人類的智慧再高明，也無法窺探所有問題的深層本質，更無法預測未來的答案與方向。回顧歷史，我們可以看到許多例證。1825 年，歐洲正處於一個與今日相似的恐怖危機中掙扎，工

變遷中的制度與挑戰

人們因不滿而摧毀機器,當時的人們無法預見五十年後的歐洲會達到怎樣的平衡狀態。他們所能確信的,僅僅是這種平衡必然會到來。

今日,我們也能持有相同的信念。人類的歷史並未結束,實際上,它才剛剛展開。近百年來的科學發現為我們的生活帶來了巨大的變革,這些變革必然需要相應的社會改革來適應。然而,這種轉變將是緩慢而漫長的過程。面對未來,我們應當做好初步的準備,首先研究我們所處的形勢。

我們正站在歷史的轉捩點上,科學技術的進步給予了我們前所未有的機會和挑戰。這些變革不僅改變了我們的生活方式,也對我們的價值觀和社會結構產生了深遠的影響。我們無法準確預測未來的樣貌,但我們可以透過學習過去的經驗,為迎接未知的未來做好準備。

在這個充滿不確定性的時代,我們需要保持開放的心態,接受變革,並積極尋求創新的解決方案。這不僅是我們面對挑戰的唯一途徑,也是我們實現社會進步的必要條件。人類的歷史是一個不斷演進的過程,每一次危機都伴隨著機會,每一次挑戰都蘊藏著希望。讓我們勇敢地迎接這個未知的未來,為創造一個更美好的世界而努力。

在現代國家的發展程序中,無論是專制政體、寡頭政治,還是孟德斯鳩(Montesquieu)所研究的民主政體,經濟力量的

影響力已經滲透到統治結構的每一個角落。過去由私人經濟所承擔的各種責任，如今逐漸轉移到國家手中。我們必須深入探討這種權力轉移的過程。

在 19 世紀末期的法國，自由經濟體系仍然活躍，這一現象得益於鄉村的穩固機構。當時，全球範圍內的銀行、農莊、商號和小店鋪，無數企業如雨後春筍般湧現，人們在沒有任何統一計畫的情況下，瘋狂追逐財富。這種追求雖然看似無序，但數以千萬計的人們的欲望、需求和冒險精神，奇蹟般地保持了經濟的平衡。

當然，經濟蕭條的浪潮並非不存在，它們像今日一樣，帶來了失業、破產和家庭破碎等災難。然而，這些巨浪的衝擊很快就能被化解。每個企業的領袖都會研究過去的經濟波動，並從自己的經驗和長輩的記憶中汲取教訓。他們明白，過去的物價曾經下跌到讓人們無需擔憂地消費的程度。

在法國，數量最多的家庭企業中，人們對這些經濟週期的波動並不感到過分恐懼。企業如同在大海中穩穩行駛的船隻，不會承載過多的資本。對於經營家庭工業的人來說，向銀行借款被視為一種罪惡。如果不幸遭遇經濟災難，他們就會極力壓縮家庭開支，直到問題得到解決。事業的需求凌駕於個人需求之上，或者更準確地說，人與事業合而為一，只有事業繁榮，人類才能獲得幸福。

在那個時代，對事業的忠誠甚至帶有某種神祕色彩，這種忠誠賦予了事業力量與光輝。事業的忠誠和職業榮譽感，是當時法國社會的普遍美德。這種對事業的熱愛，不僅塑造了個人，也塑造了整個社會的經濟文化，至今仍影響著現代國家的經濟結構。

自然秩序中的經濟獨立

在過去的時代，里昂、魯貝和諾曼第等地的商人們，從未想過要和同行聯合起來以消除競爭，更別提在經濟危機時依賴國家救濟。他們視競爭者為敵人，即便在稀少的社交場合中相遇，也會小心翼翼地說話，保持距離。與州長或部長的關係，僅在罷工時才會尋求保護，確保工廠運作不受干擾。

當時，國家對經濟問題的關注也相對有限。政黨的分野更多地基於思想上的差異，而非利益上的考量。經濟生活依賴著個人的反應，自然地受到單純本能的驅動，這些反應自然而然地在社會中形成。大多數重要的經濟活動由這種社會的自然秩序支持著。

例如，在許多工業城市中，法國的專業教育是由那些自願的教員們在公共場所集結起來的。他們不求回報地貢獻時間和精力，為社會帶來教育機會。互助協會的會長和司庫多是中產

階級的人士,他們在週末到協會工作,計算帳目,全無報酬。這種方式使得國家能夠在不花費一分錢的情況下,獲得一個雖然不完美但卻自動化、誠實和可靠的社會保險系統。

相比之下,在英國和美國,私人機構在國家生活中扮演著更為重要的角色。大學擁有自己的財產,獨立於國家運作,醫院也是如此。這些私人建設的獨立性為社會提供了多樣化的選擇,並在某種程度上減輕了國家的負擔。

這種經濟獨立的模式,讓社會能夠在不依賴外力的情況下,自行執行和發展。個人和集體的努力,使得社會在面對挑戰時,能夠依賴內在的力量來尋求解決方案,而非一味指望外部的干預或救助。這種自給自足的精神,無疑是那個時代經濟穩定的基石,也是當代經濟執行中值得借鑑的寶貴經驗。

股份公司的崛起,象徵著現代經濟進入了第二階段,這一階段與第一階段的若干重要元素並行不悖。股份公司的制度使得即便是沒有資產的人,也能夠籌集資本,購買日益昂貴的現代技術裝置,從而參與到大規模的企業運作中。這似乎打破了社會階層的界限,讓更多人有機會參與到經濟活動中。然而,這一制度的真正受益者卻是那些龐大的企業集團,這些集團擁有數不清的股東,卻缺乏負責任的領導者。隨著時間的推移,股票的發行、購買和轉讓所帶來的收益,竟然超過了工廠、礦產等實體經濟的收入。商業逐漸演變為一種抽象的交易活動,

與人類的實際生活和困境幾乎沒有直接關聯。

實業家、商人和農夫們,在過去,財富的累積一直受到他們自身工作和管理能力的限制。然而,隨著商業組合和股票轉讓的興起,財富的獲取不再受到這些限制。筆尖輕輕一揮,就能賺取巨額財富,這樣的機會是無窮無盡的。讓我們看看一些數字:在美國,僅兩百家公司就掌控了約六千億美元的資本,這相當於全國財富總額的 34%。然而,這些公司的管理人員和參與各類會議的人數加起來卻不超過一千人。據最近的調查顯示,這些人中至少有一部分根本不關心他們所管理企業的利益。他們將自己的股票用於投機,操縱財務報表,削減股東的利益,甚至偽造虧損以逃避法律規定的稅款。

在這種情況下,一個中等收入的人如果想要進行小額投資,便會發現自己毫無力量,無從著手。義大利領袖墨索里尼曾經指出,這種經濟結構的轉變,讓普通人愈發感受到無能為力。股份公司所建構的這個無形帝國,以其獨特的方式重塑了經濟權力的分配,使得財富的集中度達到了前所未有的程度。這一切,無疑對社會的未來帶來了深遠的影響。

資本怪獸與經濟神話

　　隨著資本主義的發展，企業從百萬規模迅速膨脹至億兆，逐漸變成了如妖魔般的怪物。這些企業規模之巨大，已經超出了人類的掌控能力，從前精神是物質的主人，如今卻被物質反過來禁錮。這種轉變，使得正常的生理狀態異化為一種病理現象。特別是在大戰之後，美國和德國的經濟世界如同神話般被描繪成一個由少數妖魔統治的雲端世界，讓人不由得感到遙不可及。

　　在這樣的世界中，企業的集中消滅了自然的反應，獲利的欲望壓倒了職業的榮譽感。各國面對這種局面，採取了不同的策略：有的試圖保護生產，有的則試圖限制生產。然而，投機者的短視和愚昧，卻使得經濟危機的爆發被一再延宕，反而增加了最終爆發時的猛烈程度。

　　曾經，本能在社會執行中扮演著重要角色，但如今它的力量也被削弱。試想，如果將一群河狸遷至圖書館，牠們只能用書籍築堤，但這種堤壩是毫無作用的。同樣，儉約的人即便拚命地積聚財富，手中的紙鈔卻在不知不覺間失去價值，化作虛無。社會儘管試圖透過各種動作來顯示其仍有生機，然而在受創最重的地方，麻痺的症狀已經蔓延至整個巨靈的關節。

　　這種情況下，整個社會似乎進入了一種「垂死之生」的狀

態,表面上仍在執行,但內在的活力早已被消耗殆盡。這種病理狀態不僅反映在經濟層面,更滲透到社會的每一個角落,讓人不得不反思資本主義的未來走向以及人類在其中的角色。或許,只有當我們重新審視精神與物質之間的關係,找到一種新的平衡,才能真正走出這場由資本怪獸引發的經濟神話。

在現代經濟的舞臺上,大企業的主持者扮演著至關重要的角色。他們若能謹慎行事,保持經營的規律,便可避免因自然反應的缺乏而引發的混亂。這種情況下,我們可以想像一個由自然的經濟領袖所統治的經濟體系。在這些領袖中,明智者會努力探尋經濟執行的法則,然而,仍有許多人受制於封建思想,傾向於冒險而非追求穩定。

以美國為例,1930年代的金融市場便是一個典型的案例。當時,華爾街的主角們讓大眾沉醉於金價的瘋狂漲勢中,既未加以制止,也未作出警告。他們不僅在謠言的基礎上添油加醋,還不顧一切地向外國放貸,卻未曾仔細考慮這些國家是否有能力償還。如此一來,他們將購買國捆綁在一起,導致自身的債務無法收回,甚至讓買主成為了競爭對手。

這些金融領袖們甚至忽視了對自身財務狀況的審查,例如未曾清查克羅格(Ivar Kreuger)的帳目。羅斯福總統的一位顧問曾指出,美國迫切需要建立一所銀行家學校,以培育具備專業知識的金融人才。然而,當這些金融界的「妖魔」意識到無

法阻止自身建立的金融帝國崩塌時,他們以及他們的員工和顧客自然地將希望寄託於國家,期望國家能夠伸出援手。

此時,國家面臨著一個艱難的選擇:是應該動用權力來保護這些企業,還是讓市場自行調整?在這第三個階段,國家介入的需求變得迫切。大眾的呼聲與資本家的退縮促使國家採取行動。他們開始考慮透過公家的組織來取代私人制度,以操縱貨幣,結束經濟恐慌,並設立各種機構來支持這些企業。這一過程中,國家的角色從旁觀者轉變為積極的干預者,努力在混亂中尋找穩定的出路。

社會之變:從有機體到複雜機器

在孟德斯鳩和巴爾札克的時代,社會被視為一個有機的生命體,充滿生氣與活力。這個社會由無數的細胞組成:農村、小鋪子、小工廠,彼此之間進行著互易有無的交流,建構出一個層次分明的綿密網路。某些集團則負責更為複雜的事業,如保險、教育和慈善等,這些事業的執行又進一步組成了整個國家的架構。國家如同一個有生命的軀體的頭腦,然而頭腦並不能完全掌控體內細胞的化學反應,國家也無法洞悉每一個事業的內部運作。國家只是眾多社會元素之間的連繫媒介,將本國與異國的人民連結在一起。

變遷中的制度與挑戰

然而，隨著時代的演進，這樣的社會結構逐漸瓦解。社會的細胞開始解體，失去活力，紛紛將其職能交予國家的頭腦和神經系統。在法國，儘管病情尚未達到無可救藥的地步，農業、手工藝和商業社會依然存在，但變化已經不可忽視。若將 1934 年國家所承擔的責任與 1834 年相比，便可發現政府機器變得異常繁複。過去那些由獨立組織在困難時期承擔的職責，現在全都壓在了政府的肩膀上。

這樣的變化不僅發生在法國，也在中國等其他國家上演。政府逐漸成為一個無所不包的機器，承擔著過去由不同社會機構分擔的多重責任。這樣的集中化是否能有效運作，成為一個值得深思的問題。政府能否勝任如此龐大的任務？它是否有能力處理如此複雜的社會需求？在這樣一個變遷的時代，社會需要重新思考國家與個體、與社會機構之間的關係，以尋求一個新的平衡點。

這樣的歷史過程提醒我們，社會變遷的背後往往隱藏著深刻的結構性轉變。從有機體到複雜機器，這不僅僅是社會形態的轉變，更是對國家治理能力的重大考驗。未來的路在何方，或許需要我們更深入地思考與探索。

權威與自由的永恆平衡

在人類歷史的長河中，團體行動總是需要一個領袖來指引方向。無論是為了打敗一個敵人，還是為了鋪設一條通往未來的道路，人類的本能總是驅使著他們去服從某個人的命令。然而，當領袖不懂得遵循規律時，這樣的權威便可能成為所有個人幸福與安全的威脅。因此，權威與自由這兩種看似矛盾的需求，自古以來便在社會中交錯出現，並伴隨著人類文明的發展而不斷爭執。

隨著時代的變遷，民眾在權威與自由之間搖擺不定。當面臨艱鉅任務時，他們通常會傾向於權威，因為這樣能更有效地集中力量、統一行動。然而，一旦任務完成，民眾便會轉而呼喊自由的口號，渴望擺脫權威的束縛，追求更大的個人自主。

在歷史上，封建制度與君主集權便是從無政府狀態中逐漸演變而來的產物。儘管這些制度中不乏苛求，但它們在特定時期被人民接受，因為它們曾經是社會秩序的象徵和民眾的救星。當社會的穩定得到恢復，人民開始渴望更大的正義與保障，便向法律、君王和議會提出了這樣的訴求。封建制度並非一開始就強制推行，而是在最初受到民眾的祝禱與支持。然而，隨著時間的推移，憤懣從成功中滋生，最終導致了制度的崩潰。

變遷中的制度與挑戰

18 世紀的專制政體便是如此,最初被信任,後來漸漸遭到懷疑,最終引發革命。這段歷史告訴我們,法律是為有生命的人而制定的,它與人類一起演化、成長,並最終消亡。權威與自由的平衡是動態的,隨著社會的變遷而不斷調整。正是在這樣的動態平衡中,人類社會得以不斷進步,尋找著那個既能保護個人幸福又能維持集體安全的最佳狀態。

一個國家的穩定與長久生命力,往往取決於其制度的靈活性與包容性。能夠有效結合行動力、尊重個人生活以及適應新環境的能力,這樣的體制才能在歷史的長河中屹立不倒。英國的君主立憲制度正是這樣一個成功的範例。到 1860 年左右,這一制度已經能夠調和法律的尊嚴與個人幸福的追求,在社會穩定中發揮了不可替代的作用。

在那個時代,君主立憲制度透過一系列精心設計的機制,確保了社會的穩定與和諧。這種制度在面對民眾不滿時,提供了一種如同活塞般的安全機制,避免了社會動盪。同時,這種制度在政治和經濟上也表現出自然的反應能力。19 世紀的限制選舉與議會制,雖然在某種程度上制約了君主的權力,但它的財政監控能力卻是有效的。選民作為納稅人,能夠對政府的財政支出進行監督,並在必要時加以限制。

然而,這種制度並非完美無缺。由於缺乏大眾的廣泛參與,許多民眾的聲音無法透過正常的政治管道表達。在法國,

這種壓制最終引發了一場革命，而英國則選擇了一條不同的道路——妥協。透過妥協，英國將普選制納入其政治體系，使得每位公民都能幻想自己擁有了真正的參政權。普選制下選出的議會，成為一個「常設的反叛機關」，象徵著國家的真正力量。這樣的安排使得大眾不再需要透過街頭抗議來表達不滿，因為他們的聲音已經在議會中得到了代表。

在這樣的制度下，英國的君主立憲不僅穩定了國內局勢，也為其他國家提供了一個範例，展示了如何在尊重個人權利與維護國家穩定之間取得平衡。這種透過妥協與改革來實現的制度演變，成為歷史上一個重要的政治實驗，它提醒我們，制度的成功在於能夠不斷適應時代的變遷，並在變化中尋求穩定。

技術革新與權力轉移的歷史軌跡

在歷史的長河中，社會制度的執行總是能夠在一定時間內保持穩定。然而，無法避免的是，隨著時間的推移，種種內外因素的衝突最終會使這些制度偏離原有的軌道。這種衝突的主要原因在於技術的創新與演進。

首先，機械的發明不僅深刻地改變了經濟結構，還重新定義了國家的防衛能力。隨著技術的進步，維持社會秩序的方式、集體力量的形式，以及人類的信念都在同步演變。因此，

變遷中的制度與挑戰

制度的優劣不再是一成不變,而是取決於這些不斷變化的因素。在中世紀,身披盔甲的騎士無懈可擊,堅固的城堡無法攻破,封建制度因此在當時是維持秩序的最佳方式。

然而,隨著火器和砲彈的出現,君主專制逐漸取代了分裂的封建諸侯。隨著時間的推移,大眾的力量又推翻了君主政體。現代的技術進一步改變了權力的格局。赫伯特・喬治・威爾斯(Herbert George Wells)曾預言,新式武器、飛機和裝甲車的發明,將使某些技術專家有能力控制大眾,甚至可能重新建立一種類似於中世紀騎士制度的體系。

此外,資訊傳播技術的進步,特別是電影和無線電的普及,使得一個政黨領袖或政府首腦在無需舉行大規模集會的情況下,也能夠輕易地將理念傳達給廣大民眾。這種情況幾乎讓人聯想到古代共和邦中那種直接而有力的民意交流。

總之,技術的演進不僅影響著經濟和軍事的格局,還深刻地重塑了社會權力的結構。每一次技術的突破,都可能導致新的社會秩序的誕生,讓人們不禁思考未來的制度會如何在這不斷變化的世界中被重新定義。

在現代民主制度的運作中,我們觀察到一個令人憂心的現象:普選制度與國家機器的膨脹結合,產生了一種名為財政愚民政治的現象。這種情況的出現,使得國家的財政監督機制變得薄弱,甚至失效。過去,納稅人經由選出的代表來監督國家

支出,這是一種合乎邏輯的安排,因為納稅人對政府的財政決策有著直接的利害關係。然而,如今的情況卻截然不同。

「無代表,不納稅」,這句曾經是英國民主運動的核心口號,如今已經在某種程度上被扭曲。曾經,這句話是推動議會制度普及化的重要推手,確保納稅人擁有對政府決策的話語權。然而,在當前的政治環境中,我們卻面臨著一種相反的情況:少數人承擔著沉重的稅負,而多數選民卻不必繳納直接稅。這種不均衡的稅收結構,使得政治體系中的某些「活塞」失去了作用。

當選舉能夠直接影響稅收政策時,納稅人的反應通常是迅速而有效的。在小型的地方政府中,這種機制運作良好,因為納稅人能夠直接感受到稅收政策對自身的影響。然而,當一個遙遠且陌生的中央政府成為資源的分配者,普通民眾對於納稅與自身權益之間的連繫便漸漸模糊。

這種模糊的結果,便是國家預算的無節制膨脹,遠遠超過了合理的界限。國家機器不斷擴張,最終吞噬了其賴以生存的社會結構。納稅人失去了天然的政治自衛能力,在面對龐大的國家機器時,選擇的不是反抗便是逃避。

這種財政愚民政治的危險在於,它削弱了民主制度中的一個關鍵制衡機制,使得政府的財政行為缺乏應有的監督和制約。為了避免這種情況的惡化,我們需要重新審視普選制度與

稅收政策之間的關係，確保每一位納稅人都能夠有效地參與到政府決策的過程中，從而維護民主制度的健康運作。

腐化的根源與社會的防禦

腐化，作為人類歷史上悠久的罪惡之一，似乎與我們的存在一同起源。然而，在自由經濟體系中，這種罪惡卻不容易滲透進小型的社會組織。此處，每個人都掌控著自己的事業，利益與道德在這樣的環境中是緊密結合的。一位實業家在購買機器時，或是商人在採購貨物時，他們往往不會從中收取佣金，因為這是他們自身的交易。

相對而言，當訂單或補助金的控制權落入國家或大公司中不負責任的領導者手中時，腐敗便無可避免地滋生。這是因為這些領導者的私人利益與他們所受委託的公共利益之間存在著明顯的分界。即便是最誠實的人也可能在物質誘惑面前動搖，而法律的制定不應僅僅依賴於人們的誠實。

若輿論能夠自由地發揮其功能，腐敗的風險就會大大降低。然而，現實中，輿論往往被那些從欺瞞中獲利的人所操控。大眾缺乏批判精神，因而少數的活動分子能輕而易舉地操控他們。當富人們面臨愚民政策的威脅時，他們便利用金錢，這一他們的天然武器，來進行自我防衛。

在現代社會中，富人們學會了在利益之上披上一層「善人德性」的外衣，這正是現代的馬基維利策略。正如柏拉圖所描述的那樣，民主政治自然而然地演變為金錢政治。這種轉變使得金錢成為權力的象徵，而腐化也因此變得更加普遍。

在此背景下，社會必須尋求有效的防禦機制，以對抗腐敗的侵襲。唯有透過加強法律的嚴密性，鼓勵大眾的批判精神，以及促進輿論的自由發展，我們才能在這場與腐化的持久戰中立於不敗之地。正如歷史多次證明的那樣，只有誠信與透明才能長久地維護社會的和諧與繁榮。

在一個民主議會制的政府中，理論上人民應該能夠選擇他們的代表，而這些代表再選出執政的領袖，即那些統治國家的閣員。這一制度設想是透過人民的選票來間接監督和制衡政府。然而，現實卻往往不如人意。代表們一旦進入政壇，便容易陷入一種無法抑制的惰性，逐漸成為漠不關心的職業政客。他們用各種利益交換和妥協來取代對政府的有效監督，最終失去了最初的鑑別力和責任感。閣員們則面臨著來自各方的壓力，不僅要應對議會的質詢，還要面對眾多常設委員會的干預。這些委員會往往比閣員更為穩定和有權力，卻不必對其行為負責。結果是，閣員們疲於奔命，無心也無力去真正治理國事。

當社會開始解體，國家被迫面對這些棘手的問題時，卻發

現自己缺乏必要的權威和反應能力，無法制定連續一致的計畫來應對挑戰。這時，其他國家集權主義的成功反而突顯出我們制度的缺陷，使得對我們制度的批評變得更加尖銳和危險。歷史上有許多例子表明，特殊事件可以迅速改變普遍的思想潮流。18世紀初，英國君主立憲制度的勝利改變了許多國家對君主專制的偏好，並促進了洛克等英國哲學思想在歐洲大陸的傳播。拿破崙的失敗進一步強化了歐洲各國對英國政治體制的傾向。

到了19世紀，不列顛的工商業在全球範圍內占據主導地位，這進一步增強了議會制的威信。從1870年至1885年間，法國迅速復興，1918年協約國取得勝利，這些歷史事件都為自由議會制增添了光環。新成立的國家，無論是在非洲還是亞洲，都不敢不採用兩院制的模式，似乎這種制度已經成為一種無法避免的趨勢。然而，歷史告訴我們，任何制度都有其優劣，最終能否成功取決於是否能夠適應時代的變化和人民的需求。

模仿與變革：德國在戰間期的轉型

1920至1930年這十年間，協約國的力量顯得捉襟見肘，無法重新塑造歐洲的政治均勢，導致其國際威望一落千丈。義

模仿與變革：德國在戰間期的轉型

大利法西斯主義的成功，與其創立者的天才相輔相成，為世界提供了全新的政治正規化。俄羅斯的革命也在這段期間孕育出一種截然不同的社會模式，撼動了傳統權力結構。德國，最初試圖模仿戰勝國的法律體系，最終卻也誕生了一個強勢的「狄克推多」（英文 dictator 的音譯，意為「獨裁者」），即獨裁者。這一時期的政治哲學家開始重新審視，甚至罷黜他們曾經崇拜的制度，尋找新的政治哲學。

從這些國際間的仿效與變革中找到規律並非易事。事實上，政治變革如同傳染病，有時在某些國界上會自行止步。回望法國大革命時期，許多英國人對革命的前景持褒貶不一的態度：有些人恐懼革命的蔓延，有些人則對其抱有期望。然而，法國大革命並未如預期般在全球範圍內取得勝利。儘管如此，鄰國的制度創新往往會被其他國家借鑑，這不僅是因為其適應了現實需求，更因為它迎合了社會風俗的轉變。

大戰後的德國，最重要的歷史事件莫過於對羅馬的模仿。這一模仿不僅展現在政治結構上，也反映在社會文化的多方面。德國在戰間期的政治轉型，與其說是對外來模式的簡單複製，不如說是對新制度的再創造。這一過程中，德國並不是被動地接受外來影響，而是積極地選擇和適應，以滿足國內的實際需求。

這一時期的變革，無論是自上而下的政治重塑，還是自下

變遷中的制度與挑戰

而上的社會運動,都在不斷挑戰舊有的權力結構。德國在這場國際政治模仿與創新的浪潮中,尋找到了自己的位置,這一過程不僅改變了德國自身的命運,也對整個歐洲乃至世界的政治格局產生了深遠影響。

思想如同一股無形的力量,在人類歷史的長河中流淌,穿越時空與文化的邊界。它們不僅僅是單純的概念,更是塑造社會和政治制度的基石。然而,當思想從一個地方傳播到另一個地方時,它們往往會被重新詮釋,甚至徹底變形。這種變化不僅是對思想本身的挑戰,也是對接受這些思想的社會和文化的一次檢驗。

歷史上不乏這樣的例子:羅馬帝國的「凱撒」一詞,即便在兩千年後的今天,依然蘊含著某種權威的象徵力量。義大利法西斯主義的姿態與字彙也曾被全球範圍內的不同政權所借鑑。然而,無論哪個民族,哪怕它們看似接受了他國的制度和思想,實際上總是會加入自身的文化特質與歷史經驗,最終形成一種獨特的版本。這種改變不僅是有意識的選擇,更是歷史機能的一種表現。

法蘭西共和國雖然在名義上與路易十四和拿破崙的集中化政策有所不同,但在某種程度上,它延續了這一歷史程序中的集中化事業。同樣地,馬克思的社會主義在俄國的實踐中,不得不融入沙皇時代的官僚傳統。當這些外來思想進入不同的文

化和政治背景時，它們會被重新塑造，甚至被顛覆。德國的法西斯主義便是一個典型的例子，這一思想在德國變得異教化、狂熱化，並走向極端。

這種字彙與思想的混淆，往往讓人誤以為使用相同的名詞即能建構相同的制度。事實上，這種假設忽略了文化與歷史的深層影響力。每一個接受外來思想的民族，無不在其自身的土壤中孕育出獨特的變種，這既是對過去的延續，也是對未來的創新。

思想的傳播與變形，揭示了人類社會多樣性與相似性的複雜交織。這種跨越文化與時空的思想交流，不僅豐富了人類的智慧，也提醒我們在面對外來思想時，應該保持謹慎的態度，尊重自身的文化特質，並在此基礎上進行創新與發展。

議會制度的多樣性與演變

人們常常在談論議會制度時，不論是讚美還是批評，似乎都認為這種制度在所有採用它的國家中都是相同的。然而，事實並非如此。從英國傳入法國和美國的議會制度，在這三個國家中展現出截然不同的特點。

在英國，議會制度的核心是解散議會的權力，這為執行政權者提供了強大的影響力和穩定性。英國政黨對領袖的忠誠，

變遷中的制度與挑戰

以及政黨領袖對君主的忠誠，也是英國憲法的重要基礎。這種結構使得英國的政治體系能夠在變化中保持穩定。

相較之下，美國的制度賦予了總統極大的權力，使其成為權力遠超英國君主的選舉獨裁者。然而，美國的議會權力卻遠不及英國下議院那般強大。這種權力的分配反映了美國制度的獨特性，總統雖擁有巨大的行政權力，但其行使需受到一定的制約。

在法國，個人主義的盛行使得穩固的政黨組織難以形成。這種情況導致了議會制度的脆弱性。例如，麥克馬洪（McMahon）的冒險行動曾使解散國會這一政治工具變得無效，這也是法國政治制度演變的一個案例。在法國，即使憲法本身未經任何法律變更，也會因歷史事件的影響而演化。

這些例子清楚地表明，即便在同一法律架構下，不同國家的議會制度也會因文化、歷史和政治環境的不同而產生顯著的變化。憲法並非一成不變，它會隨著時代的變遷和事件的影響而發展。這種演變不僅是對制度本身的挑戰，也是對國家治理能力的考驗。

因此，理解議會制度的多樣性和變化是至關重要的。只有認知到這些差異，我們才能更好地評估每個國家的政治體系，並從中汲取有益的經驗和教訓。這也提醒我們，制度的成功與否，往往取決於其是否能夠適應不斷變化的社會需求和政治

現實。

在歷史的長河中，政治制度如同自然界的四季般，周而復始地在自由與集權間轉換。這種轉變並非簡單的對立，而是更為複雜的交織。正如塔列朗（Talleyrand）所言：「有了刀劍，你什麼都可以做，但你不能坐在刀劍上面。」這句話揭示了權威與持久政體之間的微妙關係。無論是民主還是獨裁，都需要在某種程度上獲得大多數人的支持或默許，才能穩固地存在。

民主制度的執行，離不開一定的權威來維持秩序，保障公民權利。這種權威並不是獨裁的象徵，而是一種必要的結構，確保社會執行不至於陷入混亂。同樣地，獨裁政權的長久存在，亦非單靠軍隊或警力便可達成。只有在得到大多數國民的支持或至少不反對的情況下，獨裁者才能在其統治中立足。即便擁有如日中天的威望，領袖也無法將其國民強行引入與其歷史傳統相悖的道路。

鄰國新政體的成功，常常引發模仿和效仿的風潮，這種現象可以在短期內影響一國的政治生活。然而，歷史和文化的根基終將使這些國家回歸其本來的軌道。政治制度的變化固然會帶來短暫的迷茫和痛苦，但最終，國家將循著其固有的歷史傳統繼續前行。

自由與集權並非水火不容，而是一種動態的平衡。每一個社會都有其內在的節奏，這種節奏決定了何時應該更傾向於自

由，何時又需要集權來穩定局勢。這並不是一成不變的法則，而是一種隨時調整的藝術。領袖們需要敏銳地掌握這種節奏，才能在政治的舞臺上長袖善舞。

因此，我們不應將民主與獨裁簡單地視為兩個極端，而應理解為一個不斷變幻的光譜。在這個光譜上，政治制度隨著內外部環境的變遷而不停地移動，尋找著最適合當前國情的平衡點。這種動態的平衡，正是政治制度得以持續執行的關鍵。

法國法律與國民靈魂的辯證

在法國，法律制度的設計不應只是簡單地模仿俄羅斯、義大利或德國的制度，因為這些制度都是這些國家獨特歷史背景的產物。它們的價值往往取決於執行者的品格與國情是否相符。關鍵在於，我們應該從這些外國制度中汲取精華，將之轉化為適合自身的元素，並對自身的法律進行深入研究。這包括理解法律在不同歷史背景下的變化，並找出與現代社會發生衝突的焦點。

單純地對法律進行表面的改動，是否能對國家的生命產生深遠的影響？這值得深思。問題的核心或許在於國民的靈魂，而不僅僅是法律本身。在某些時刻，信仰能夠達到法律無法企及的效果。在我們的社會問題中，道德原則的衰退與制度的老

化同樣值得關注。瓦勒里在孟德斯鳩全集的序言中提到，人類在繁榮時期常常會忘記成功的祕訣 —— 道德，而當困境再次襲來時，又會重新讚頌這些對社會至關重要的美德。

克里蒙梭（Georges Clémenceau）曾說過：在國家面臨挑戰之時，真正的力量來自於國民內心深處的信念與價值觀，而不僅僅是法律條文的約束。這提醒我們，法律制度雖然重要，但其背後所依賴的國民道德與文化素養才是維繫社會穩定與進步的根本。道德原則如同一根無形的線，將社會的各個層面緊密連繫在一起，維持著國家的整體執行。

因此，法國未來的發展，應該著眼於提升國民的道德意識和文化素養，這樣才能確保法律制度的有效性和永續性。法律的意義不僅在於約束，更在於引導，讓每個國民都能在道德的指引下，自覺地維護社會的和諧與繁榮。唯有如此，法國才能在時代的浪潮中立於不敗之地，並在不斷變化的世界中保持其獨特的文化魅力與社會價值。

在歷史的洪流中，強而有力的領袖常常被期待能在變革的浪潮中引領群眾，以其果敢的姿態帶來社會的進步。然而，這種憑藉個人魅力與領導才能的治理方式，往往只是一時之計，難以持久。斯賓諾莎（Baruch Spinoza）在其《政治論》（*Tractatus Politicus*）中精闢地指出：「人類必然是情欲的奴隸。」這一觀點揭示了人性中不變的弱點：若一個國家的命運完全依賴於

個人的誠實與操守,則這個國家的穩定性將大打折扣。

在治理一個國家時,最重要的並非是統治者的道德或自由意志,而是國家的安全和制度的穩定。斯賓諾莎進一步強調,國家的德性在於其安全,而非個人的德性。這意味著,良好的政治制度應當能夠超越個人品行的限制,確保政府機構能在任何情況下有效運作。這樣的制度不僅依賴於領導者的熱忱與德性,更需能夠自發地調動政府人員的本能與利益,使其自然而然地奉公守法。

因此,健全的憲法應具備的特徵,是能夠將政府人員的個人利益與國家的長遠利益緊密結合,使他們即使出於自私的動機,也會選擇遵循法律與制度。這樣的憲法,才稱得上是良好的憲法,因為它不僅能維持國家的穩定,更能在變革的過程中提供持續的支持與保障。

在現代社會中,這一觀點尤為重要。隨著全球化和技術的迅速發展,國家面臨的挑戰越來越複雜,政治制度的設計也需要不斷適應新的形勢。唯有透過合理的制度改革,才能確保國家在動盪的時代中保持穩定,並為未來的發展鋪平道路。

總之,斯賓諾莎的洞見提醒我們,真正持久的變革來自於制度的革新,而非僅僅依賴於領袖的個人魅力。只有當政治制度能夠有效地調動每一個政府機構成員的積極性與責任感時,國家才能在不確定的世界中屹立不搖。

法國議政的微妙平衡

法律在國家治理中扮演著重要角色，尤其在影響議會成員的行為和動機方面。英國和法國這兩個國家，因其政治制度和文化的差異，導致議員在面對政局不穩時，採取截然不同的行動。

在英國，議員的行為受到非常嚴格的黨紀和政治現實的約束。他們的愛國心和野心大致與法國議員相當，但在英國，投票反對自己的政黨並參與倒閣運動幾乎沒有任何好處。這樣的行為不僅可能導致脫黨，還會讓他們在下屆選舉中失去黨的支持，從而無法重新當選。此外，英國的內閣通常會選擇解散國會，迫使議員提前面對選舉，這需要大量的資金和精力。不穩定的政治局勢對英國議員而言，更多是風險而非機會，因為他們的私人利益與政府的穩定息息相關。

反觀法國，議會成員的動機卻因法律和政治習慣的不同而大相逕庭。在這裡，議員的私人利益往往與政府的不穩定緊密相連。參與倒閣的議員不必擔心會被解散國會，因為這在法國並不常見，反而是倒閣帶來的政治變動為他們創造了機會。即便被開除黨籍，他們也能迅速加入另一個黨派，因為法國的政黨林立，選擇眾多。更重要的是，倒閣成功後，他們甚至可能在新政府中獲得一席之地，因為新閣常常會吸納那些在前任

內閣中表現出色的議員，以此鞏固自己的政治地位。這種情況下，倒閣不僅沒有風險，反而是一種能帶來實際利益的策略。

因此，法國議員的行為模式反映了法律和政治習慣如何塑造一個國家的政治文化。在這種環境下，倒閣成為一種有報酬的行為，議員們的行動受到鼓勵，而非阻礙。這種差異不僅影響了兩國的政治穩定性，也展示了法律在塑造政治行為方面的巨大力量。

在一個設計精良的機器中，工人的一個小錯誤或零件的微小缺陷，往往能自動引發一系列修正動作，將機器重新校準。同樣地，在一個理想的憲法框架下，統治者的失誤也應該能自動引發制衡機制。然而，我們必須承認，完美的憲法在現實中是不存在的。即便人們可以憧憬一個完美的憲法體系，但它也難以適應變幻莫測的社會習俗。

這並不意味著我們不應該利用憲法來適應當下的社會局勢。憲法的改革，如同其他任何改革一樣，應該從社會風俗中獲得啟示，而不應僅僅依賴抽象的理論推導。當國家的權威能夠有效地展現在法律之中時，國家的秩序也就得以恢復。

然而，政治改革是否能夠彌補自然經濟的缺陷？我對這種可能性持懷疑態度，甚至認為這樣的結果未必是值得追求的。由國家單獨控制的經濟體系，無論如何都難以擺脫其固有的僵化。一切事務都可能因此而陷入官僚化，而集體救濟措施也

可能顯得捉襟見肘。當未來的困境變得不再是「個人的」困境時，人們對其的關注也會減少。選擇性利益的壓迫，往往會超過需求與責任的壓迫。

國家可以透過有效的監督機制來發揮積極作用，強迫生產者考慮大眾的利益。然而，事實證明，若國家試圖全面控制生產，就必須將部分權力轉移出去。這種權力的轉移，既是對國家能力的挑戰，也是對社會多元化需求的回應。

因此，憲法改革和政治變革需要在尊重社會風俗的基礎上進行，這樣才能在不斷變化的世界中保持合理的平衡和穩定。只有這樣，我們才能真正實現一個既能適應當下，又能面向未來的社會體系。

重拾土地的呼喚

在這個瞬息萬變的時代，我們不禁要問：未來的道路究竟應該如何選擇？是否應該重新審視那個曾經滋養過我們的社會結構，回歸到 19 世紀的那種小農莊和小企業的形態？這種生活方式在經濟動盪中展示出其驚人的韌性。事實上，許多國家都在努力復興這樣的生活模式。美國、德國、義大利等國家政府紛紛嘗試創造那些不以企業為主，而是專注於糧食生產的小型農莊。

變遷中的制度與挑戰

在法國，工業與農業緊密相連，許多工人家庭擁有自己的小菜園，這使得失業帶來的痛苦遠不如其他國家那般劇烈。英國的一位內閣大臣也在努力尋求振興農業的方法。在俄羅斯，長期由莫斯科主導的計畫經濟體系正在轉變，開始提倡更具地方特色的生活方式。在美國，大家普遍認為小企業和中型企業比大型企業更容易復甦，這一認知無疑引導我們思考未來的經濟結構。

我們應該鼓勵青年重拾這種充滿生機的生活方式。長期以來，我們灌輸給年輕一代的理想是「大量生產」和「鉅額主義」，但這些理想是否真的能帶來幸福與穩定？或許，未來的一代會尋求一種更加悠閒的生活方式，一種能夠在簡單的工作中獲得滿足的生活。

這不僅是一種生活方式的選擇，更是一種人生哲學的轉變。我們需要重新思考什麼是真正的幸福，以及什麼樣的生活才能帶來持久的內心平和。當我們鼓勵年輕人回歸土地，擁抱小型的、可持續的生活方式時，我們同時也在為未來尋找一條更為穩定和滿足的道路。這是一種對生活本質的重新發現，是對人類與自然關係的重新定義。在這個過程中，我們也許能夠找到通往幸福的真正途徑。

在現代社會中，技術的發展和經濟的執行越來越依賴於大型工廠和集中的重工業。這些產業的運作不僅需要龐大的資本

投入，還需要交通和基礎設施的支持，這使得它們成為國家經濟的核心。然而，隨著這些行業的集中，公務員聯合會和其他職業組織的影響力也越來越大，這是一個不容忽視的現實。即便自由主義在理論上看似完美無缺，但它在實踐中已失去活力和影響力。

面對這樣的局面，我們是否應該向職業組織和勞資聯合會尋求建議，以更好地管理這些龐大的經濟機器？這些組織的成立初衷是為了團體的自衛和在競爭中獲得優勢，往往忽視了整體國家利益。他們的決策多基於內部利益，而非國家需求，這導致了激烈的內部競爭和情緒化的決策。領導者們的目標是獲得會員的支持，而非考量敵人的理由或國家的需求。

然而，這些組織中不乏專業人才，他們的知識和經驗對國家治理具有潛在的價值。如果不讓他們參與政治決策，而僅僅是諮詢，是否能夠發揮他們的作用？過去的經驗顯示，這種方式往往結果平庸，甚至毫無效果。諮詢委員會這一機制常被證明是徒勞無功的，因為委員們知道自己缺乏實際的權力，對無明確目標的工作自然感到厭倦。會議出席率低，決議無法落實，最終只留下報告書而無實際行動。

因此，如何有效地整合職業組織的專業知識和國家治理需求，成為一個急需解決的問題。或許，只有在賦予這些組織一定的實權，讓他們真正參與決策過程，才能打破目前這種

僵局。這不僅需要新的制度設計，更需要整體社會對此的接受和認知。只有如此，才能在保持經濟活力的同時，兼顧國家利益，實現長遠的穩定發展。

工業自律：歷史的回顧與未來的探索

在歷史的流轉中，工業的發展一直受到各種外在力量的影響與調整。國家監督下的工業能否自行制定法規、設立制度，這問題似乎並非全然不可能。然而，這種方法究竟能帶來何種成果，仍需觀察美國與義大利的實驗結果而定。如果這些嘗試證明成功，我們便可期待在相似的制度下，透過生產者間的協定，找到一種有效治理生產的方法。

這樣的制度不僅有助於在新形勢下重新組成社會，還能重新確立職業的榮譽。歷史上，人們常因對現狀的不滿而採取極端的反應，彷彿一個失眠者不斷翻身，從右側到左側，再回到右側。這種極端矯正的行為往往導致新的問題，百年前被視為解放的措施，如今卻可能被視為苛刻的壓迫。過去的弊病在現代的光照下，成為人們熱切期望改革的對象。

中世紀時期，經濟的統治權並不在競爭者手中，而是由同業聯合與同業會掌控，最終由國家接手。貸款利率和收益的概念曾被教會嚴厲排斥，教會認可人們透過勞動增加財富的權

工業自律：歷史的回顧與未來的探索

利，但對於高利貸卻不屑一顧，無論貸款數額大小。為了避免生產過剩，當時對職業選擇的限制甚至比羅斯福總統的復興法規還要嚴格。

這些歷史經驗提醒我們，在追求工業自律的過程中，必須謹慎平衡各方利益，避免因矯枉過正而導致新的弊病。未來的工業發展不僅需要創新與合作，更需在歷史的鏡子中汲取教訓，尋找一條可持續發展的道路。這樣，我們才能在變幻莫測的經濟環境中，建立一個健康而有活力的社會結構。

18世紀末葉，隨著時代的變遷，人類開始反抗中世紀以來的經濟思想束縛。經濟學家們開始倡導自然律的變化，認為這比同業的監督更能保障物價的合理波動。他們宣稱，個人依著自身利益行動，最終將有助於公共利益的實現。這種自由主義的主張，對於當時的大地主而言，無疑是一場革命，充滿了急進的色彩。那些醞釀法國大革命的「頭腦組合」正是由自由經濟學者所組成，他們對當時的同業會展開猛烈的批判，視之為「流弊無窮」。

然而，隨著時間的推移，經濟思想的潮流也隨之改變。如今，經濟學上的自由主義者被視為保守者，而正統派則將中世紀的統治經濟視為「急進」且危險的象徵。年輕一代對高利貸的看法，與12世紀教會的嚴厲立場異曲同工。他們將產業劃分為具體的和抽象的兩類：具體的產業，如農莊、小商店和主

人自營的小企業,是他們所接受的;而抽象的產業,如股東和董事所擁有的,則被排斥。這些年輕人無論是有意識還是無意識地,都希望人類能夠回到三百年前的思想與制度。

這種對過去的懷舊與對現狀的反思,反映出經濟思想的循環性。在這個過程中,曾經的「急進」思想逐漸成為保守的象徵,反映出人類在經濟發展中的不斷探索與自我調整。這種思想的變遷,不僅影響著經濟政策的制定,也對社會結構和個人生活產生了深遠的影響。隨著時代的推進,或許我們需要重新審視這些變革的回聲,去理解自由與保守之間的微妙平衡,以及它們對未來的啟示。

英國經濟:從自由放任到計畫經濟的轉折

英國這片土地,曾是自由貿易和放任制度的旗手,這些理念幫助它累積了巨大的財富。然而,時光流轉,數年以來英國卻開始傾聽完全相反的聲音,這種轉變不免讓人感到驚訝。如今的英國,似乎對過去的自由放任制度感到不滿,轉而尋求「計畫」的庇護。

英國政府開始創立各式各樣的計畫來重新塑造經濟結構。有「牛乳計畫」來管理乳製品的生產與分配,有「豬類計畫」來調控畜牧業的發展,甚至還有「啤酒原料計畫」來規範啤酒產

英國經濟：從自由放任到計畫經濟的轉折

業的供應鏈。不列顛政府對棉業、鋼業等重要產業的領導者們表示：「我們非常願意為你們提供保護，但這需要你們的妥協。你們必須協商訂單的分配，確定薪資標準，並且所有人都必須共同遵守。此外，對於國外市場，我們必須採取合理的方法一起研究。」這種經濟策略，不正是中世紀同業組合經濟的現代翻版嗎？

在經歷了多年的放任自由之後，英國似乎又回到了過去羊毛以集團方式輸入弗朗特的局勢。這樣的轉變，是否意味著一個新時代的到來？或者說，這僅僅是歷史的重演？無論如何，這種現象足以引發對那些看似新穎卻實際上是再生主義的反思。

這並不僅僅是關於經濟政策的選擇，而是對於一個國家在全球化浪潮中如何定位自身的深刻思考。英國的計畫經濟策略，試圖在自由市場與國家干預之間找到一個平衡點，這不僅是對過去經驗的重新評估，也是對未來道路的謹慎探索。這樣的轉變，無疑將對英國乃至全球經濟產生深遠的影響，值得我們持續關注與思考。

在人類歷史的長河中，自由與權威的對峙始終如影隨形，形成了一種永恆的舞蹈。這種動態的平衡是如此自然且必要，因為人類本性中對節制的缺乏無法避免地導致極端的行為。自由被視作一種美德，然而，當自由被濫用至極，社會便陷入無

政府狀態的混亂之中。在這種境地中，人們開始意識到失去秩序的代價，於是轉而呼喚集權以恢復社會的穩定。

然而，人們對集權的狂熱往往與對自由的狂熱相匹敵。他們在探索自由的過程中，將權威視為解決所有問題的靈丹妙藥，甚至將一些微不足道的問題歸咎於自由的失誤。權威與苛暴、堅決與蠻橫，在這樣的氛圍中被混淆不清。結果便是，一系列極端的行為，使那些曾經為了理想而奮鬥的人感到失望。

在這樣的歷史循環中，新恢復的秩序中，對獨立的渴望再度覺醒。人們開始反思，並渴望重新獲得曾經失去的自由。於是，三十年前那些被推翻的東西，再次成為人們願意為之奮鬥和犧牲的目標。

這種現象揭示了人類社會中一個深刻的悖論：我們在自由與權威之間來回擺盪，始終無法找到一個完美的平衡點。這種波動的本質在於，人類對於自由的渴望與對秩序的需求之間，永遠存在著一種張力。當自由過度時，我們呼求權威；而當權威過度時，我們又渴望自由。這種不斷的循環運動，成為歷史程序中不變的主題。

我們應該認知到，無論是自由還是權威，單獨的一極都無法真正滿足人類社會的需求。唯有在兩者之間找到一個合適的平衡，才能維持社會的和諧與進步。這需要智慧與耐心，並且需要我們不斷地從歷史中汲取教訓。自由與權威的舞蹈，雖然

永無止境,但它提醒著我們,理性的中庸之道或許才是人類社會的最佳解。

逐浪而行:歷史中的平衡與變革

在歷史的長河中,我們總是在生死存亡的關頭尋找挽救之道,試圖在懸崖邊緣勒馬止步。然而,歷史的洪流如鐘錘般不斷擺動,勢不可擋。哲學家們常常反思,這種週期性的來回擺動,是否將人類永遠困在同樣的困境中,重複著悲慘、愚蠢和偏見的局面?還是說,在這搖擺的過程中,我們正在逐漸攀升,邁向更幸福的境地?這個問題或許並不是真正的問題,甚至不是最重要的問題。

政府的職責在於解決當前的問題,為近期的未來做準備,而非為遙不可及的遠景擔憂。班維爾(John Banville)曾言:「凡是殫精竭慮去計算事變的人,其所得的結果之價值,與對著咖啡壺作觀察的人所得的,相差無幾。」這句話提醒我們,過分計算未來的變數,與沉浸在日常瑣事中,效果可能相差無幾。

歷史上,人類經歷了平衡與衝突的交替。從 1870 年至 1914 年,我們的祖先生活在相對平和的時期。隨後,狂風暴雨般的衝突席捲而來,迫使我們進入新的歷史階段。在這過程中,兩個主要的衝突應該得到解決。首先是經濟衝突,自由資

本主義的消逝和國家經濟的困境,迫使我們在私有產業的利益與明智的監管之間尋找平衡。這種解決方案不會是純粹的共產主義或資本主義,而是兩者元素的結合。

同樣地,政治上的爭端也不會單靠民主或集權來解決。黑格爾(Hegel)曾指出:「人類社會的歷史,是由那些相反制度遞嬗的(有時是突兀的)勝利造成的。隨後,猶疑不決的智慧所認為矛盾的元素,畢竟借綜合之力而獲得妥協,而融成有生機的社會。」在這樣的歷史程序中,我們看到的是各種制度的互相影響與妥協,最終形成更加有活力的社會結構。

總之,人類的歷史不僅僅是擺動與反覆,而是在這過程中不斷尋找新的平衡,推動社會向前發展。我們的任務是以務實的態度面對當下,為未來鋪路,並在歷史的鐘擺中逐浪而行。

幸福的永恆矛盾

在我們研究人生的漫長旅程中,幸福的問題無時無刻不在挑戰著我們的思維。婚姻是否是一對男女所能達到的最幸福的境界?人們能否在家庭和友誼中尋找到真正的幸福?我們的法律制度是否促進了我們的幸福感?這些問題迫使我們去更清晰地界定何謂幸福。

豐特奈爾(Fontenelle)在他的《幸福論》(*Traité du Bonheur*)中提供了一個引人深思的定義:「幸福是人們希望永久不變的一種境界。」這樣的定義似乎將幸福與一種永恆的狀態連繫在一起。如果我們的肉體和精神所處的狀態能讓我們心甘情願地說「我願一切都如此永存下去」,或者如浮士德對瞬間的讚美「哦!留著吧,你,你是如此美妙」,那麼,我們無疑是幸福的。然而,這樣的境界是否真的存在呢?

如果「境界」指的是在某一時間內完全占據一個人意識的所有現象,那麼這些現象的持久不變似乎是不可能的。時間本質上是流動的,組成幸福境界的要素往往是脆弱而易變的。無

幸福的永恆矛盾

論是人,音樂,還是書籍,都有其終結的時刻。人會衰老和死亡,音樂會有終止的音符,書籍會在最後一頁結束。我們可以渴望一個境界有「持久不變的存續時間」,但現實提醒我們,這種不變和穩定是難以企及的,即使瞬間能夠被固定,它所帶來的幸福也可能因新的事件而消失。

幸福的悖論在於,我們對永恆幸福的追求往往與時間的流逝相悖。或許幸福的真諦不在於追求不變的狀態,而在於擁抱每一個瞬間,接受其短暫性,並從中尋找意義。我們的生活因不確定性而豐富,幸福的感受也因此而生動。真正的幸福可能不在於永恆的持續,而在於我們對生命的熱愛和對瞬間的珍惜。

幸福的靈光

幸福是一種奇妙的狀態,它並不依賴於外界的事物,而是源自我們內心深處的一種精神光芒。這種光芒能夠改變我們對世界的看法,使得一切看似乎凡的事物變得無比美麗。托爾斯泰的小說中,萊維納在婚後的喜悅中,行走在路上,感覺天更藍,鳥鳴更悅耳,甚至老門房的目光也充滿了溫情。但這種幸福感並不局限於特定的時間和地點,無論他身處何地,這種內心的靈光始終如一,讓他感到「美妙無比」。

幸福的靈光

　　這種幸福並非來自外界的事故與娛樂，也不是因為見到了賞心悅目的奇觀，而是源於我們將內心的美點投射到外界事物上的能力。幸福是一種精神狀態，我們渴望它的永恆不變，而不是外界紛繁的世事。這樣的精神狀態是否真的是「內在」的呢？除了它能讓外界事物發生奇蹟般的改觀外，是否還有其他標識能讓我們辨識出這種精神狀態？

　　我們的思想中若無感覺與回憶，剩下的似乎只是一片靜寂的、難以形容的空虛。即便是神祕的、入定的幻影，也只是幻影而已，無法觸及純粹的幸福。就像那些發光的魚，當牠們遊在深沉的水中，海裡的萍藻與怪物靠近時會發射光亮，但牠們看不到發光的本體，因為光芒來自魚自身。同樣，幸福的人在周遭事物中看到幸福的光芒，卻很難窺見幸福的本體。

　　因此，真正的幸福不是外在環境的賜予，而是來自我們內心的光芒。這種內在的靈光讓我們的生活充滿色彩，無論外界如何變化，我們都能在其中找到屬於自己的那份美好。幸福的本質在於我們內心的狀態，而非外界的條件。正如光芒源自魚自身，幸福也源自於我們的心靈深處。這是一種超越外在形式的內在感受，讓我們無論身處何地，始終擁有那份美妙的幸福感。

　　在追尋幸福的旅途中，我們必須先正視那些阻礙我們的障礙。這些障礙如同潘朵拉的盒子，一旦開啟，便是人類的種種

幸福的永恆矛盾

禍患蜂擁而出,而其中最令人畏懼的莫過於災禍與疾病。這兩者如同陰影般籠罩著我們的生活,即便是最明智的心靈,面對這樣的磨難,也難以找到有效的解決之道。

有些哲學家如禁欲派,試圖將痛苦簡化為一個名詞,認為過去的痛苦已成往事,現在的痛苦捉摸不定,未來的痛苦尚未降臨。這種看法雖然聽起來簡單,但事實卻遠非如此。痛苦並不是一個可以輕易被剝離的瞬間體驗,而是深深地嵌入我們的記憶與感知之中。過去的痛苦會在記憶中翻騰,讓我們當下的感覺更加沉重,無法輕易擺脫。

然而,人類的堅韌與毅力常常能在面對痛苦時顯現出來。即便在最艱難的時刻,一些強毅之士仍能與痛苦抗爭,保持清明與寧靜的心境。蒙田便是這樣的例子,他以極大的勇氣忍受著一場極為痛苦的疾病。這樣的精神令人欽佩,但當生命的每一刻都被痛苦所占據時,即便是最智慧的心靈也會感到無能為力。

在這樣的境況下,我們不禁要問:幸福究竟是什麼?它是否只是一個抽象的理想,抑或是我們可以實際觸及的目標?在確定幸福的本質之前,或許我們需要先理解並接受那些不可避免的障礙。只有這樣,我們才能真正找到通往幸福的道路。理解痛苦,並不意味著屈服於它,而是尋求一種與之共存的智慧,從而在生活中找到片刻的安寧與快樂。這或許就是幸福的真正所在。

面對現實的哲學

貧窮這一話題常常被哲學家以抽象的方式討論，但當我們將其置於現實生活的框架中，情況便截然不同。狄奧根尼（Diogenes）可以輕蔑貧窮，因為他擁有太陽、食糧和木桶，他能在簡樸中找到滿足。然而，若他成為一個失業的父親，肩負四個孩子的生計，生活在一個需要現金才能餬口的城市中，他的哲學是否仍能支撐他的生活呢？

朱爾・羅曼（Jules Romains）的小說〈微賤者〉（*Les Humbles*）中有一段深刻的描寫，一名十歲的孩子首次面對貧窮的震撼。這是一種真正的苦難，遠非哲學能夠安慰。當飢寒交迫來臨時，哲學的安慰無異於戲弄。此時，人們需要的是一碗熱粥和一個溫暖的避風港，而不是高深的理論。

禁欲派的哲學家將需求分為兩類：一為「自然的，不可少的」需求，如食物和水，這些是生存的基礎，若不能滿足，將使人無法思考其他；另一為「自然的但非不可少的」需求，這些需求可以滿足，但並非生存的必需。這種區分極有意義。確實，這個世界上有真正的疾病和貧窮，這些值得我們的同情與關懷。然而，幻想的疾病與真實的疾病同樣多。精神對肉體的影響力巨大，我們的許多困擾其實源於心理。世上有真正的病人，也有自以為是病人的人，甚至還有自己讓自己生病的人。

幸福的永恆矛盾

蒙田在擔任波爾多市長時曾告誡市民：「我願意幫助你們解決問題，但不會讓這些問題侵蝕我的內心。」這句話揭示了一個重要的哲學觀點：我們需要理智地面對人生的困難，而不是被其拖垮。理解和同情固然重要，但更重要的是行動——在面對貧窮和疾病時，我們需要的不僅是理解，更是實際的幫助和解決方案。只有如此，我們才能在現實中找到真正的平衡與幸福。

在這個充滿變遷的世界裡，我們常常自認為不幸，卻未曾真正了解何謂不幸。幻想的窮人便是這樣的例子。當經濟風暴席捲而來，收入減少，我們便開始抱怨命運的不公。然而，只要我們仍擁有一個溫暖的住所，能夠吃飽穿暖，這樣的抱怨其實是對真正貧窮的輕視。真正的不幸，是那些連基本生活條件都無法滿足的人們所經歷的。

我曾聽聞一個故事：一位打零工的女傭因為無法將她最珍愛的彈簧床搬入新居，而選擇了結束自己的生命。這是何等虛偽的不幸！她的行為象徵著對生活中表面不幸的錯誤理解。貧困與疾病之外，人生中還有愛情的失敗、野心的挫敗、行動的無果。我們總是懷抱著各種計畫，幻想著未來的光明前景，卻不曾料到，世事難料，計畫終究抵不過現實的無情。

在這樣的情境下，禁欲主義的學說似乎有其道理。這些所謂的不幸，大多是心靈上的不安而非實質的苦痛。為何那些渴

望成功的人感到不幸？並非因為肉體上的痛苦，而是因為他們總是沉浸在對過往失誤的懊悔中，擔心未來的競爭會阻礙自己的成功。

如果我們能停止對未來的憂慮，專注於當下的現實，生活往往不會那麼糟糕。我們應學習聖者聖依納爵（Ignatius of Loyola）所倡導的方法：在修煉中，努力去想像我們情感的真實對象，而不加以任何美化或改變。唯有如此，才能在心靈上獲得真正的平和，超越那些幻想出來的不幸，不再因為虛幻的期待而困擾。這樣，我們才能在現實的基礎上，重新尋找生活的意義和方向。

未竟之夢的美好

你曾想成為一位部長，但最終未能如願。這意味著什麼呢？這意味著你不必從早到晚接待那些你並不想見的求助者；這意味著你無需對那些繁瑣而複雜的事務負責，那些你無暇深入研究的事務；這意味著每個星期日，你不必啟程前往遙遠的縣城，接受市府樂隊和消防隊軍樂隊的歡迎儀式，你也無需發表關於歐洲政局的演講，致使翌日十幾個國家的報紙紛紛對你口誅筆伐。

當你不再被這些所謂「榮耀」的責任所羈絆時，你被迫過

幸福的永恆矛盾

上了一種安靜的生活,享受悠閒的時光。你可以重溫那些你所鍾愛的書籍,若你喜歡交友,還可以和朋友們暢談。假使你有一點想像力,那麼這些正是你未能成為部長所帶來的種種美好。這真的是一種不幸嗎?

司湯達曾經寫道:「今晚,我因未能成為州長,卻見我的兩位助理做到了,因此靈魂上感到一絲淡淡的悲傷。然而,若我必須在一個只有六千人口的小城裡被困四五年,我恐怕會更加悲傷吧。」這段話道出了未竟之夢的另一面:那些未曾實現的夢想,或許在某種程度上反而成就了更自由的生活。

或許,失敗並不是一樁不幸,而是一種意外的恩賜。它讓你免於承擔那些繁重的責任,讓你得以在生活的另一種節奏中尋找自我,享受生命的簡單與美好。未必每一個未竟之夢都會成為遺憾,它或許只是引領你走向另一條充滿可能性的道路。如此一來,未竟之夢便不再是夢的終點,而是一個全新旅程的起點。

在我們的人生旅途中,若能以更開放的心態去審視自己的經歷,常會發現那些未曾實現的願望,或許並非我們真正渴望的。人們常常口頭上說著「我想結婚……我希望成為州長……我極想畫一幅美麗的肖像畫」,但這些願望與他們心底真正的渴望可能相去甚遠。真正的願望,往往與一個人的行動密切相關。除了某些不可抗力的因素,通常一個人會得到他全力追求

的目標。渴望榮譽的人最終會獲得榮譽，渴望友誼的人會收穫朋友，而想要征服的女人亦將如願以償。

拿破崙年輕時渴望權力，儘管他和權力之間似乎有著不可踰越的鴻溝，最終他還是成功地跨越了這道障礙。然而，許多時候，惡意的命運會阻礙我們的成功。要在社會上引起轟動並非易事，因為阻礙往往來自於我們自身。我們以為自己渴望某種結果，但內心卻有更強烈的力量使我們偏離目標。

讓我們以朱爾‧羅曼的小說為例，文中提到的父親巴斯蒂特（Bastide）自認為想要一份工作，但卻拒絕了別人提供的職位。仔細觀察，他其實並不希望有工作。我常聽到作家們說：「我想寫某部書，但我的生活不允許。」這話不假，但如果他們真心渴望寫作，他們會選擇過另一種生活。巴爾札克對作品的忠誠和堅強意志，正是他生活的最佳證明。

在這樣的背景下，我們必須審視自己的內心，辨別那些真正驅動我們的願望。或許我們的生活，正是我們內心深處所希望的樣子。當我們認清這一點，便能更清晰地追尋真正的夢想，無論是榮譽、友誼，還是其他任何目標。這樣的認知不僅能讓我們活得更誠實，也能讓我們更接近真正的幸福。

幸福的永恆矛盾

命運的選擇與靈魂的責任

在柏拉圖的《理想國》(*Republic*) 第十卷中，有一段關於「幸福」的動人神話，描述了阿爾美尼人哀爾 (Erl' Arménien) 的奇異經歷。他在死亡後的旅程中，進入地獄，目睹了靈魂死後的命運安排。在這段故事中，一位使者召集眾多靈魂，對他們宣布了一項重要的選擇：「過路的眾魂，你們即將開始新的旅程，進入一個會死亡的肉體。你們的命運不由神明選擇，而是由你們自己決定。」

這位使者解釋道，選擇的次序將以抽籤決定，第一個被選中的靈魂將享有第一選擇權。然而，一旦選擇作出，命運便無法更改。使者強調，美德並無固定的主宰，它會依附於尊敬它的人，而逃避輕蔑它的人。各人的選擇責任自負，神明則不涉其中。

使者在眾靈魂面前撒下許多包裹，每個包裹中都藏有一個命運。這些命運形形色色，有人的命運，也有動物的命運，混雜在一起，等待選擇。有些命運中蘊含著專制的暴力，有些則是短暫的富貴，隨後便陷入窮困、逃亡或行乞的境地。還有些命運屬於名人，以美貌、力量或祖先的美德著稱。甚至還有女性的命運，從蕩婦到淑媛，各種角色一應俱全。

當第一個靈魂迫不及待地上前選擇時，他被一個充滿權力

和暴力的命運吸引,毫不猶豫地將其帶走。然而,當他深入探究這一命運的內容時,才發現他注定要犯下殺害自己孩子等重罪。他不禁悲嘆,責怪神明和一切,卻唯獨不責怪自己。他忘了在選擇之前仔細檢視包裹的內容,因而自食其果。

這個故事揭示了選擇的力量和責任。命運並非由外力左右,而是由每個靈魂自我選擇的結果。靈魂的幸福與否,不在於外在條件,而在於選擇的智慧和對美德的尊重。這正是柏拉圖透過這則神話所傳達的深刻哲理:我們的命運在我們自己的手中,選擇的責任亦如此。

在人生的旅途中,我們每個人都擁有選擇的權利。無論是為了野心還是金錢,你可能選擇進入一段婚姻,即便你心知肚明對方是多麼平庸。兩三年後,你開始抱怨她的愚蠢,但你從一開始就知道她是這樣的,不是嗎?一切都如同一個包裹,早已在其中注定。

當我們一味地追求財富或榮譽時,幾乎總是會將自己推向不幸的深淵。這樣的真相不需要漫長的經驗便可洞察,因為這類生活方式,迫使人依賴外界的事物。對財富過分看重的人,最容易受到傷害。同樣地,野心家也無法逃避這一命運。因為一句傳聞,因為某個自己未能理解的事件,他可能會遭到權勢者的厭棄,甚至被民眾仇視及凌虐。他會抱怨自己運氣不佳,命運與他作對。

幸福的永恆矛盾

然而，任何試圖追逐那些不靠自身實力而依賴外界獲得的幸福的人，命運總會與他們為敵。這也是包裹中早已注定的事實。神明並非不公，真正無辜的是那些未能看清自己追求的幻影之人。

在這樣的生活中，我們往往忽視了內心的需求，將幸福寄託於外界的評價或物質的擁有。這樣的追逐使我們如同迷途的羔羊，在欲望的驅使下迷失自我。真正的幸福來自於內心的平和和對自我的認知，而不是那些稍縱即逝的外在成就。

因此，我們應當學會從內心尋求滿足，珍視那些不受外界動搖的價值。只有這樣，才能在變幻莫測的命運中保持一份淡定與從容。生活的真諦不在於追逐那些無法掌控的外在事物，而在於培養一顆堅韌而充實的心靈。只有這樣，我們才能真正理解幸福的本質，並在這個充滿不確定性的世界中找到屬於自己的安寧。

和諧的內心世界

野心與貪心往往使我們與他人衝突，但更嚴重的災禍則來自於與自己內心的衝突。我們或許在某些時刻做錯了，或者誤解了自己，但只要我們能夠坦誠地承認這一點，並且說：「我可能有誤，但我已經竭盡所能，依照自己的思想行事。我過去

和諧的內心世界

所說的話，也許今天仍然可以重複，或者如果我的觀點改變了，我可以毫不羞愧地承認，因為這是基於極為正當的理由，比如過去依據的資料不正確，或者推理有誤。」當我們能夠這樣反思過去的行為並坦然面對時，我們便是幸福的。

這種幸福來自於內心的和諧。當我們能夠達成這種和諧，許多苦惱的幻想，以及與自己的抗爭，都將不復存在。然而，這種內心的協調在現實中卻是難得一見的。我們的內心時常充滿了衝突，每個人心中都有一個「社會人」與一個情欲熾盛的「個人」在互相角力，靈與肉、神與獸之間的抗爭不斷上演。我們被肉欲所驅使，但在沉淪之後，又迅速恢復為明哲之士。這種反覆的掙扎實在令人厭憎。

赫胥黎（Huxley）曾經指出，這種內心的衝突是人類的宿命。我們不斷在理想與現實之間掙扎，試圖在兩者之間找到一個平衡點。這種掙扎並不是毫無意義的，它讓我們更深入地理解自己，促使我們去尋求更高的價值和目標。儘管內心的和諧難以達成，但正是這種努力使我們的人生更有意義。

因此，我們需要學會與自己的內心達成和解，這樣才能在面對外界的衝突時保持內心的平靜。我們應該努力去理解自己的內心需求，並在理性與情感之間找到一個平衡。這樣，我們才能在這個充滿挑戰的世界中，保持內心的平和與穩定。

在我們的生活中，維持一個內在的秩序與和諧是極其艱難

的挑戰。我們常常認為自己能夠理智地做出決策，然而，實際上，我們的思想根源往往與我們所期望的相悖。我們自以為的理性思考，常常被錯誤的判斷和不穩固的論點所左右，這些判斷和論點多半是為了滿足我們內心的怨恨或情欲。

許多人在生活中懷抱著對某個民族或社會的不滿，但這種不滿的根源，往往只是因為這個族群中的某個個體在關鍵時刻對我們造成了傷害。我們不願承認這些源自內心的弱點，但在內心深處，我們卻無法否認它們的存在。這種自知的矛盾，使我們對自己感到不滿，進而變得悲苦、暴烈，甚至愚妄。我們可能會因此侮辱朋友，因為我們深知自己無法成為理想中的自己。

在這樣的情境下，蘇格拉底的「認識你自己」的教訓顯得尤為重要。智慧的人若想達到內心的寧靜，首先應該將那些使他思想變形的激情與回憶轉化為客觀的思考，這樣的思考應該是能夠與他人分享與交流的。這種自我認知與反思的過程，要求我們正視內心的混亂，並努力將它們整理成清晰可見的思想。

這種自我探索的過程不僅有助於個人內心的平靜，還能促使我們在與他人互動時更加真誠和開放。我們能夠更加理解他人的觀點，並以更寬容的態度面對生活中的衝突與挑戰。最終，這種自我認知不僅是為了個人的成長，更是為了建立一種

持久的內心和諧，讓我們能夠面對生活中的各種變化，無論是飯前還是飯後，始終保持人格的連續性與完整性。

因此，認識自己並不是一個簡單的觀念，而是一種持續的努力。這種努力讓我們能夠在面對內心的矛盾與外在的挑戰時，保持一種深刻的理解與平和的心態。這樣的內在秩序與和諧，才是我們能夠在紛擾的世界中找到真正的自我和寧靜的關鍵。

幻想的雙刃劍：未來的恐懼與當下的幸福

幻想，這個心靈的產物，不僅與過去的記憶交織，還深深地影響著我們對未來的感知。許多不幸的根源在於，我們常常在危險尚未降臨之前，就先被恐懼所擾，先行建構出危險的場景。某些恐懼是必要的，甚至是生存所需的。例如，一個不擔心被汽車撞倒的人，可能因缺乏想像力而遭遇不測。一個民族若對敵對的、武裝的鄰邦毫無畏懼，則很可能迅速淪為奴隸。然而，若是對那些難以預料的危險也充滿恐懼，則無異於徒勞。

我們或許都認識這樣一些人：他們因為對疾病的恐懼，因為對死亡的畏懼，而失去了生活的樂趣。那些害怕失去財產的人，往往沉浸在對可能導致破產的各種災禍的想像中，最終放

棄了眼前可以享受的幸福，反而醞釀出真正的不幸。如果這些不幸真的發生了，他們也只能怪自己自招禍端。

嫉妒的人尤其如此，他們時常擔心愛人的忠誠會受到威脅，無法從這種思緒中解脫，最終因為過度的監視和懷疑，將愛人的愛意消磨殆盡。這種過度的謹慎和防範，反而將他們推向了他們最害怕的境地──失戀。

因此，幻想這柄雙刃劍，既能引導我們預見危險，並作出必要的防範，也能使我們被無謂的恐懼所束縛，錯失當下的幸福。關鍵在於，我們如何運用這種想像力：是讓它成為我們生活的指南，還是讓它成為我們心靈的牢籠。只有在危險確實可預見且可防範的情況下，適度的恐懼才是有益的；否則，我們應該學會放下對未來的無謂擔憂，享受當下的每一刻幸福。

在我們的生活中，未發生的災禍，往往比災禍本身更令人恐懼。這種恐懼源於我們對未知的想像，甚至超越了真實痛苦所帶來的感受。當我們目睹他人患病時，那種懼怕比我們自己生病時感受到的更為殘酷。因為當疾病真正降臨時，發熱和身體的異樣反應，彷彿創造了另一個與平常不同的存在，讓我們不得不以新的方式去適應和面對。

大多數人畏懼死亡，但我們對死亡的想像往往是不真實的。首先，我們無法預知死亡何時來臨，會是突如其來的終結，還是緩慢的消逝。在日常生活中，我們的身體似乎有一種

內在的機制,讓我們能夠以某種方式接受這一生命的終點。

我曾經歷過一次險境,幾乎喪命。那段經歷至今仍歷歷在目。我失去了知覺,但在失去意識前的數秒鐘裡,我的記憶中並沒有痛苦。這讓我明白,死亡本身可能並不如我們所想像的那般可怕。

阿蘭告訴我,他認識一個像阿爾美尼人哀爾一樣的人,曾經遊歷過地獄般的經驗。他是溺水後被救回的人,這個死而復生的人,描述他的死亡經歷時,並沒有痛苦的成分。這讓我更加確信,死亡的恐懼更多來自於未知,而非死亡本身。

因此,我們應該學會面對生活中的未知,而不是被恐懼所支配。恐懼是一種心靈的幻影,常常比任何現實的痛苦更為強烈。只有當我們學會接受未知,才能真正活在當下,擺脫那無聊又無謂的恐懼。或許,當我們能夠正視這些幻影時,才能真正理解生命的意義,並在面對死亡時,保有一份平和的心境。

未來的幻影:恐懼與現實的交錯

未來,總是充滿不確定性,讓我們不禁在心中勾勒出各種可能的情景。然而,我們對未來的預測往往是偏頗的,尤其當我們沉浸在對痛苦事件的想像中時,我們的精神狀態與實際經歷那些事件時的狀態截然不同。人生已經足夠艱難,為什麼還

幸福的永恆矛盾

要在心中製造出虛幻的痛苦預感呢？

最近看到的一部影片中，有一幕深刻地揭示了這種心理矛盾。一對新婚夫婦正搭乘郵船度蜜月，他們在甲板上眺望著遼闊的大海，夜色寧靜，遠處傳來悠揚的音樂聲，這一切構成了完美的浪漫場景。然而，當他們走開時，我們看到了被他們身影掩蓋的護胸浮標，上面赫然寫著「鐵達尼號」(Titanic)。對於觀眾來說，這一幕瞬間染上了悲劇的色彩，因為我們知道這艘船將不久於人世。然而，對於劇中的年輕夫婦而言，這個夜晚依然如其他的夜晚一樣美好無比。

這種對未來的恐懼，若是準確的預感，固然可以避免災難，但也可能因為過度的擔憂而浪費了當下的美好時光。許多人正是因為對可能威脅到他們的危險懷有過多的想像，結果把整個人生都活在不安與焦慮中。他們的生活被這些未曾發生的恐懼所主宰，失去了享受現實中甜蜜時刻的能力。

或許，我們應該學會在不確定的未來與當下的現實之間找到一個平衡。無需完全忽視潛在的危機，但也不必讓它們吞噬我們的生活。生活中的每一刻都值得被珍惜，即便前方的路途未明。我們不妨在心中保留一份警覺，同時也要學會欣賞眼前的美好，讓自己不至於因為過多的想像而錯失了當下的幸福。如此一來，無論未來如何，我們都能以一顆平和的心迎接每一天的到來。

未來的幻影：恐懼與現實的交錯

在這個世界上，富人和有閒階級的煩惱常常源於煩悶。對於那些需要努力謀生的人來說，生活或許艱辛，但他們不會感到無聊。因為每一天的生計挑戰已經占據了他們的全部心神。而那些擁有財富的人，若不去積極創造自己的生活，而只等待外界的娛樂來充實自己，就難免會感到無聊。

娛樂對於那些積極創造生活的人來說，是幸福的一部分。在娛樂中，他們不是被動的消費者，而是創造者的一部分。比如，正在戀愛的人喜歡看喜劇，因為他們能夠在其中找到共鳴，並感受到生活的豐富與多彩。若是像墨索里尼這樣的人觀看《凱撒》，他一定會聯想到自己的工作和目標，從而獲得新的靈感和驅動力。

然而，問題在於，如果觀眾始終只是觀眾，而在自己的生活中從未成為一個「演員」，那麼煩悶就會悄然侵襲。這種煩悶並非僅僅是短暫的無趣，而是一種深層次的精神空虛。隨之而來的是各種幻想病，這些幻想可能是對自己的不切實際的想像，也可能是對過去無法挽回的悔恨，甚至是對未來不可預測的恐懼。

這些精神折磨讓人們的生活變得更加沉重，而不是輕鬆愉快。擁有一個充實而有意義的生活是避免煩悶的關鍵。這需要每個人主動去創造自己的生活，而不是僅僅等待外界的刺激。當一個人能夠在自己的生活中成為一個創造者，他就不再只是

旁觀者，而是真正參與其中。這樣，他不僅能夠享受到生活中的每一刻，還能夠在過程中找到自己的價值和意義。

因此，對於富人和有閒階級來說，擺脫煩悶的最佳方法就是積極創造生活，將自己從被動的觀眾轉變為生活的演員。只有這樣，他們才能真正擁有幸福和滿足。

悲傷中的執迷與救贖

面對那些真實或虛構的疾病，是否存在逃避的庇護所或補救的方法呢？許多人認為這是不可能的，因為他們在否認這種挽救可能性的同時，似乎也從中獲得了一種苦澀的、病態的快感，這實在是一種奇怪的現象。他們在不幸中找到樂趣，將那些試圖解放他們的人視作仇敵，甚至罪人。

無可否認，在面臨喪事、苦難或重大冤屈失敗的時候，最初的幾天裡，任何安慰似乎都顯得蒼白無力。在這樣的時刻，朋友所能做的唯有保持沉默，尊重他們的哀傷，表達同情，並靜靜地等待他們走出陰影。然而，我們誰不曾見過那些在家庭中擅長哭泣的女子，她們努力用外在的標記來維持那易被時間沖淡的哀傷？

這些一味固守無法挽回的「過去」的人，如果他們的痛苦僅止於個人，我為他們感到惋惜；但當他們變成絕望的傳教

士,指責那些希望生活得更年輕、更勇敢的人時,我則不得不對他們提出批評。這並非是對他們痛苦的漠視,而是對他們試圖將自己拉入深淵的行為感到惋惜。

生活中,難免遭遇苦痛,但我們應該學會從中汲取力量,而非讓這些苦痛成為我們生命的全部。當然,這並非意味著要匆忙地拋開哀傷,而是要在適當的時間,讓自己重拾希望,走向更光明的未來。每個人都有權利選擇自己的生活態度,但我們必須謹慎,不要讓自己的絕望成為他人勇氣的障礙。

因此,對於那些沉浸在悲傷中的人,我們應該給予尊重和支持,但同時也要鼓勵他們,在適當的時候,放下過去,擁抱未來。畢竟,生活是一條充滿未知的旅程,而我們所能做的,就是在這條路上,勇敢地前行。

在我們的生活中,痛苦往往不請自來,並且伴隨著一種無法言喻的誇耀感。這種誇耀感似乎在告訴我們,痛苦越深重,越需要被他人所見。然而,真正的痛苦不需要這樣的展示,它總是悄然無聲地流露出來,即使在那些試圖掩藏悲傷、不願打擾他人生活的人身上。

我曾經見過一位女子,她在一群快樂的青年人中顯得格格不入。她剛剛經歷了一場深刻而隱祕的悲劇。她的沉默、勉強的微笑和不時的失神,無不透露著她的隱痛。然而,她依然勇敢地維持著那虛幻的鎮靜,不願影響他人的歡樂。這樣的勇氣讓人動

容,也讓我思考:當我們必須遠離人群,當我們需要透過無盡的愁嘆來喚起記憶時,是否已經背離了對逝者真正的懷念?

對於已故友人的最佳紀念,莫過於在現存的友誼中創造出同樣的美好。可是,如何才能擺脫那些固執的思念?如何驅逐縈繞於夢寐之間的影像呢?答案或許在於自然。

自然是我們心靈的庇護所。當我們置身於森林、山巒或是大海的懷抱中,這些廣闊而仁慈的景象與我們個人的渺小形成了強烈的對比,這種對比不僅讓我們感到謙卑,也讓我們的心靈得到撫慰。在悲痛到極點的時候,躺在大地上,讓叢林和野草包圍自己,獨自度過一整天,這樣的經歷能讓我們重新振作起來。

在最真實的痛苦中,有一部分是因為社會的束縛。短暫地切斷與社會的連繫,能夠減少我們的煩憂,讓我們少受情感的折磨。這樣的片刻孤獨,或許正是我們重新尋回內心平靜的契機。自然的偉大與包容,讓我們得以在其中找到屬於自己的寧靜與安慰。

心靈的藥方:旅行與音樂

旅行是治癒心靈創傷的良藥,當我們身處於不幸事件的現場,周遭的一切都可能成為觸發痛苦回憶的誘因。這些瑣碎的事

故如同頑固的錨索，將我們牢牢固定在過去的陰影中。而旅行，則是斬斷這些束縛的利劍。然而，並不是每個人都有足夠的時間、閒暇和財力去進行遠途旅行。即便如此，療癒心靈的旅程不一定需要遠離城市或工作，短暫的地點變換同樣可以達到效果。

你無需走得太遠，巴黎近郊的楓丹白露森林，僅需一小時的火車便可抵達，那裡的荒涼靜謐與阿爾卑斯山不相上下；桑利斯附近，也有一片寂靜的沙漠；凡爾賽園則以其恬靜的氛圍，適合沉思冥想，撫慰心靈的創傷。

除了旅行，音樂亦是心靈的庇護所。音樂能夠占據整個靈魂，讓其他情緒無法立足。它有時如同洶湧的激流，沖刷掉所有的思緒，使我們的心靈得以清澈無比；有時又如一聲淒厲的呼喊，將過往的痛苦引入一個神祕而美妙的境界。隨著音樂的旋律起伏，我們的心潮逐漸平靜；音樂中無言的對白，引導我們走向最終的解脫，這便是我們最大的安慰。

音樂用其強烈的節奏感，展現時間的流逝，不需任何言語，便能證明精神的痛苦並非永恆。這一切，正如約翰・克利斯朵夫（Jean-Christophe）所言，他以更加深刻的方式表達了這種感悟。旅行和音樂，這兩種不同的心靈療法，或許正是我們在面對生命苦難時，最珍貴的救贖。

讀書是許多人用來逃避現實、尋求慰藉的方法，但對我而言，它並不是一劑萬靈藥。我時常聽到那句「我沒有一次悲愁

幸福的永恆矛盾

不是經過一小時的讀書平息了的」這樣的名言，但卻不曾真正理解其中的意義。因為在我最為悲愁的時刻，我發現自己無法將注意力集中在書本上。讀書需要一種自由而隨心所欲的精神狀態，這在心靈創傷尚未平復時是難以達成的。

在經歷了精神上的痛苦後，我更傾向於尋找不需過多思考的活動來驅除固執的念頭。寫字、操縱複雜的機器，或是攀爬險峻的山徑，這些更具體的行動能夠帶來肉體的疲勞，而這種疲勞則是通往良好睡眠的準備。當然，睡眠本身若能無夢，便是一種環境的變換。然而，在災難降臨後的最初幾夜裡，夢中依舊充斥著現實的苦惱，令人驚醒。此時，如何再次入睡成了一大挑戰。

除了藥物，我試圖尋求精神上的安慰方法。有時，回憶童年或青春時期的無憂時光，竟然能帶來意想不到的效果。當我強迫自己回到那個心靈尚未被痛苦侵擾的時代，我的心靈彷彿在那無憂的世界中徜徉，夢境也隨之變得平和。這種心靈的時光旅行，將我引向一個尚未被憂愁浸染的天國，使我暫時擺脫現實的重擔。

這樣的精神練習並非總是靈驗，但它提供了一種可能性，一種在心靈受創時的自我療癒途徑。或許，這就是每個人在面對悲愁時需要找到的，屬於自己的心靈避風港。一個能夠在夜深人靜時，讓我們重新感受到安寧的地方。

擺脫悲哀的藝術

在生活的長河中，許多人習慣於在悲哀中掙扎，認為一切努力都是徒勞無功的。他們呻吟著說：「這一切都是徒然的，你的挽救方策很平庸，毫無效力。什麼也不能使我依戀人生，什麼也不能使我忘掉痛苦。」然而，這樣的結論是否過於倉促？你是否真正嘗試過去改變這種心態？在否定一切之前，至少應該給自己一個機會去體驗「幸福的練習」（Gymnastique du bonheur）。這種練習也許不能直接為你帶來幸福，但它可以為幸福的到來騰出空間。

這種「幸福的練習」有一些簡單的規則，正如瓦勒里所言，是一些祕訣。第一個祕訣便是：對於過去的事情，不要過分深長地沉思。我並不是說沉思本身是不好的。事實上，所有重要的決策幾乎都需要經過深思熟慮。凡是有明確目標的沉思，都是安全的。然而，危險在於對那些已經無法改變的過去事件，無論是失去的機會、受到的傷害，還是聽到的流言蜚語，反覆不已地咀嚼和反思。

這種無休止的反思就像是給自己施加的一種懲罰，將我們的精神困在過去的陰影中，無法自拔。過去的事情已成定局，無論我們如何思索，都無法改變事實。我們應該學會放下，將注意力更多地轉向當下和未來。只有這樣，我們才能為幸福創

幸福的永恆矛盾

造可能性。

除此之外,幸福的練習還包括學會珍惜生活中那些微小而美好的瞬間。這些瞬間可能是清晨的陽光、朋友的微笑,或是一本書中讓你心動的句子。這些細小的幸福片段,往往是我們在日常生活中容易忽略的,但它們卻能為我們的心靈帶來慰藉和溫暖。

總之,擺脫悲哀的藝術在於學會不再沉溺於過去的痛苦,而是積極地尋找和珍惜生活中的美好。這樣的心態轉變,或許需要時間和練習,但它將為我們的心靈帶來更多光明和希望。幸福可能不是唾手可得,但我們可以為它創造條件,讓它在我們心中生根發芽。

英國有一句俗諺說:「永勿為了倒翻的牛乳而哭泣。」這句話提醒我們,對於無法改變的過去不必耿耿於懷。迪斯雷利(Benjamin Disraeli)進一步勸誡:「永勿申辯,亦永勿怨嘆。」這些智慧之言告訴我們,許多時候,不必過於糾結於已發生的事情,因為抱怨和辯解無法改變現狀,反而會讓我們陷入不必要的情緒困擾。

笛卡兒曾說:「我慣於征服我的欲願,尤甚於宇宙系統。我把一切未曾臨到的事,當作對於我是不可能的。」這種態度啟示我們,精神的力量在於不斷地自我更新、革新。無遺忘,即無幸福。忘掉那些無法改變的過去,讓心靈得到沖刷與滌

蕩，才能迎接新的可能性。

　　我從未見過一個真正的行動者在行動時會覺得不幸。他們專注於當下的行動，猶如遊戲中的兒童，忘卻了自我。過分地關注自我，反而是自尋煩惱。正如有人問：「為何你要知道你是魚皮做的抑羊皮做的？為何你把這毫不相干的問題如此重視？」這些問題不值得我們浪費精力。生活中有太多的事物值得我們關注，而不應把注意力過分集中於自我。

　　由此，我們得到了一個重要的祕訣：精神的歡樂在於行動之中。行動讓我們的心靈得到滿足，而幸福也隨之而來。「如我展讀著朋友們的著作，聽他們的談話，我幾乎要斷言幸福在現代世界中是不可能的了。但當我和我的園丁談話時，我立刻發覺上述思想之荒謬。」這段經驗告訴我們，幸福並不在於高深的哲理或複雜的思考，而在於簡單而真實的生活體驗。

　　在園丁的工作中，我看到了幸福的真諦。他們專注於手中的工作，享受著自然的節奏，從中獲得了滿足與快樂。行動不僅帶來了精神的愉悅，也讓我們的生命充滿了意義。因此，幸福的祕訣或許就在於放下過去，專注當下，讓行動成為我們精神的泉源。

幸福的永恆矛盾

行動中的和諧

園丁在清晨的薄霧中開始了一天的工作,他專注地照料著他的番茄與茄子,這片土地是他的驕傲與生命的延續。他熟悉每一株植物的成長節奏,知道何時需要更多的陽光,何時需要更多的水分。他的內心充滿了對即將到來的豐收的期待,這是一種令人滿足的幸福,是一切創造者所能體會到的幸福。

對於園丁來說,這份工作不僅僅是日常的工作,更是一種逃避煩擾思緒的方式。在這片田園中,他找到了心靈的平和與安慰。行動,對於那些聰慧之士來說,常常是逃避思想的途徑,而這種逃避卻是合理且健康的。正如有人所言:「願而不為的人釀成疫病。」同樣地,「思而不行的人釀成疫病。」一個人若是讓理智無止境地飄向虛空,就如同發動機拋了錨般危險。

在行動中,園丁發現宇宙的矛盾和人生的錯綜並不會讓他感到困惑。在這片田園裡,他似乎能夠看到這些矛盾的不同側面,並自然而然地綜合出一幅和諧的畫面。相反,當一切靜止不動時,世界表面的支離破碎便會成為令人悲傷的根源。

然而,僅僅是行動還不夠,有時候,園丁必須與周遭的社會共同進退。當他的目標與社會的需求發生衝突時,這種不和諧會讓他的工作變得艱難,甚至無法完成。但他明白,這些磨難正是他成長的一部分,因為在與社會的互動中,他學會了如

何調整自己的步伐,如何在衝突中找到平衡,從而讓自己的創造力得以持續發揮。

園丁在田園中不僅種植著植物,還種植著希望與夢想。透過每天的勞作,他不僅收穫了果實,也收穫了生活的智慧和內心的平靜。在行動中,他找到了屬於自己的和諧,這是他最大的幸福。

在我們追求幸福的旅程中,選擇與我們目標一致的環境和人群至關重要。這不僅僅是為了獲得支持,更是為了在精神上找到共鳴與依靠。與其在一個不理解你的人群中掙扎,不如尋找那些能夠與你心靈相契合的同道者。這樣的選擇不僅能夠避免無謂的衝突,更能帶來心靈上的平和與滿足。

如果你是一個信仰宗教的人,那麼與教徒們共同生活,參與他們的活動,將會讓你感受到集體的力量和信仰的慰藉。相反,如果你是追求社會變革的革命者,與志同道合的革命者共同奮鬥,你將會感受到無比的鼓舞與支持。這樣的環境不僅能夠提供實際的支持,還能讓你在精神上獲得力量,並在面對挑戰時不再孤單。

馬拉美(Stéphane Mallarmé)的例子就是一個很好的說明。雖然他擁有的不是普遍的社會讚譽,但他卻因為幾個信徒的深切愛戴而感到無比的幸福。這種由內而外的認同感,比起那些即便在名聲上獲得成功卻在私人生活中感到孤獨的名人,

187

更能帶來真正的快樂。這也說明了，周圍人的欽敬和理解對於一個人的幸福感是多麼的重要。

修道院的生活方式也是一個值得借鑑的例子。在這樣的環境中，無數人找到了心靈的平和與安息，因為他們身處一個目標和思想完全一致的族群中。這樣的集體生活不僅能夠提供精神上的支持，還能讓每個成員感受到被理解和被接納的幸福。

因此，在我們的生活中，選擇一個與自己價值觀和目標一致的環境，並與那些能夠理解和支持我們的人共同生活，將會是我們追求幸福的一個重要祕訣。這不僅能夠讓我們在面對困難時更加堅定，也能讓我們在追求個人理想的路上走得更遠。

活在當下的智慧

在蒂勒黎公園那個陽光燦爛的午後，兒童們在水池邊放著白帆船，歡笑聲此起彼落，彷彿是人間天堂。然而，我卻遇到了一個被未來的恐懼所困擾的人。他孤獨地走在樹下，面色陰沉，心中充滿了對財政危機和軍備競賽的擔憂。他告訴我，這些災禍他在兩年前就已經預見到了。我不禁問他：「你瘋了嗎？誰能預知明年的事情呢？」

現實生活中，太平時代本就短暫而稀有，我們無法預測未來的每一個變數。即便如此，我們仍然有能力選擇如何面對當

下的生活。享受當下的美好,像那些在水池邊快樂玩耍的孩子們一樣,讓自己心靈的帆船在陽光下自由航行。做好我們當下的責任,其他的一切則交給命運去安排。

當然,對於那些能夠影響未來的人來說,未雨綢繆是必要的。建築師在設計房屋時,必須考慮其未來的使用;工人也需要為自己的退休生活做好準備;議員在投票時,應考慮預算案的長遠影響。然而,一旦選擇做出,就應該讓自己的心靈平靜下來。過度的預測往往會讓人陷入瘋狂,因為那些不切實際或超出常理的預測,無法帶來任何實質的幫助。

我們應該學會在不確定的世界中找到內心的平和。與其擔心那些遙不可及的災禍,不如專注於眼前的幸福。畢竟,未來是無法完全掌控的,唯有當下才是真實可感的。讓我們學會在陽光下微笑,擁抱當下的美好,讓心靈在此刻得以安放。

哲學的浩瀚無邊,常常沉溺於漫無邊際的討論,將幾百年的歷史與進化問題一併囊括。然而,真正有價值的哲學,關注於當下,審視當下的生活與心靈狀態。這樣的哲學提醒我們,幸福不是一種終點,而是一種持續的狀態,需要持之以恆的努力與謙虛去維持。

在獲得幸福時,最重要的訣竅是不要忘記那些使你達到幸福的美德。許多人在成功時,往往因為得意忘形而忽略了謹慎、中庸和慈愛等優點。這些美德曾是他們成功的基石,但在

成功的光環下，驕傲與過度自信往往使他們捨棄了最初的穩重與努力。不久之後，這樣的行為往往導致他們不再配得上曾經享有的幸福，幸運也因此轉變為厄運。當厄運來臨時，他們才驚覺失去的代價。

古人早已明白這個道理，勸誡人們在幸福時不要忘記對神明獻上祭品，這個行為象徵著謙虛與感恩。薩莫斯王克拉斯特曾將他的指環獻給神明，這一舉動成為後世的典範。事實上，向大海投擲指環的方式有很多種，但最簡單且最有效的方式就是保持謙虛。

這些智慧並非始自今日，而是自古以來哲人與有識之士不斷傳承的教訓。順應宇宙的偶然性，節制自己的欲望，實現身心的和諧一致，這些都是古人所提倡的。不論是禁欲派還是享樂派，這樣的道德觀念貫穿於馬可・奧理略和蒙田的思想中，也同樣適用於現代所有明智之士。幸福不是一時的狂喜，而是長久的平靜與滿足，這需要我們在成功時保持謙卑，永遠不忘最初的美德。

英雄主義與明哲的辯證

「怎麼？」那些反對明哲的人會質疑道：「怎麼能接受這種平板庸俗的命運？這種凡夫俗子的幸福？拒絕艱難奇險的

生活，屈服並順從？」這些反對者，其中有尼采，也許還有紀德——雖然紀德有時也會傾向於明哲——在新的一代中，也許是馬樂侯（André Malraux）站在這個立場上。他們宣稱：「我們不要幸福，我們要的是英雄主義。」

反對者們，你們的觀點中確實有一部分是合理的。幸福並非僅僅是屈服和順從，並非甘於命運的安排，而是要在生活中尋找到歡樂。然而，你們若認為明哲的生活缺乏英雄主義，那就大錯特錯了。所謂的「安於世變」，並不是一種對自身怠惰的滿足，而是在世變不屬於我們行為限度內的情況下，選擇接受現實。我們順應大海的波濤、群眾的情感、人性的衝突以及肉體的需求，因為這些都是生活的本質。如果不接受這些，那麼我們的思考就如同對一個幻想的虛妄世界徒發空論。

然而，我們仍然相信，在這個宇宙中，我們有可能稍稍改變一些東西：在風浪中駕駛，在群眾中引導，最重要的是改變我們自己。我們或許無法消滅一切疾病、失敗或屈服的原因（你們也未必比我們更有能力做到），但我們可以將這些經歷轉化為戰勝自我和恢復寧靜的契機。

明哲的生活，其實是一場無休止的鬥爭，一場英雄主義的實踐。它要求我們在接受現實的同時，也要勇敢地面對挑戰，並從中汲取力量。我們的目標不是逃避困難，而是在困難中尋找成長的機會。這是一種更深層次的英雄主義，一種在平凡生

活中不斷追求卓越的勇氣。

尼采曾言：「人並不企求幸福，只有英國人才企求。」他又說：「我不願造成我的幸福；我願造成我的事業。」這樣的觀點引人深思：為何我們不能在創造事業的同時，也創造幸福呢？或許幸福的本質並非來自舒適、快感的追求，或者怠惰的生活方式。即便是冷酷的哲學家，也在以他獨特的方式尋求幸福。

幸福或許是人與痛苦共存的藝術。在某種程度上，奴隸可能會嫉妒他的鐵鏈，鷹鷲對普羅米修斯（Prometheus）而言或許是溫和親切的，而伊克西翁（Ixion）在地獄中也可能找到自喜的理由。當一個人愛上他的鷹鷲，這並不意味著他輕蔑幸福，而是他在心、肝被啄食的痛苦中找到了某種幸福。這種痛苦可能讓他忘卻另一種更深層的內心煎熬。

對於幸福的追尋，各人總有自己的解釋。然而，禁欲派的智慧或許只是通往幸福的第一步。這種禁欲的智慧可以掃除精神上無謂的苦悶，為幸福的到來鋪平道路。它要求我們將最無聊、最平庸的情感保持沉默，讓幸福的旋律在其創造的氛圍中響亮起來。

那麼，真正的幸福究竟是什麼呢？我相信它是與愛、創造的喜悅密切相關的，這實際上是一種自我遺忘的狀態。愛與喜悅可以以多種形式展現，從兩人之間的愛情到詩人所歌頌的宇

宙之愛。這些不同形式的愛與創造，無不在提醒我們，幸福是一種內在的和諧，是心靈與世界共鳴的結果。

幸福不僅僅是目標，而是生活中的一種藝術。它需要我們在追尋事業的過程中，時時保持對愛與創造的敏銳感知。這樣，我們便能在成就事業的同時，也成就我們的幸福。幸福與事業並非對立的兩端，而是可以交織在一起的生命旅程。

愛的奇蹟

在這個世界上，真正了解愛與幸福密不可分的人並不多，而司湯達無疑是其中之一。他曾如此生動地描繪過愛的力量，讓我們見識到愛如何將平凡的生活轉變為生命中最神奇的元素。沒有與愛人共度幾年、幾日、幾小時的人，無法理解這種幸福，因為他們未曾經歷過這種持續不斷的奇蹟。

司湯達的描寫中，有一個名叫法布利斯（Fabrice del Dongo）的人，他在西班牙的牢獄中被幽禁，面對死亡的恐懼。然而，這些可怖的日子因為克萊莉亞（Clélia）短暫的出現而變得光明燦爛。他的幸福並不來自於外在環境的改變，而是來自於一種內心的轉變。這種幸福是每一個青年從愛中獲得的，是母親從母愛中獲得的，是領袖從同伴的愛戴中獲得的。

這種幸福的獲得，並不僅僅限於人與人之間的愛。藝術家

幸福的永恆矛盾

可以從作品中的愛好中獲得幸福,聖者可以從神明的敬愛中獲得幸福。只要一個人能夠完全忘記自己,並在某種神祕的力量下迷失在其他生命中,他便能立刻沐浴在愛的氛圍中。此時,所有與這愛的中心無關的世事,都顯得完全不相干。

愛的力量在於它能讓我們超越自我,進入一個更大的存在中。在這個存在中,我們不再被孤立,而是成為一個更大整體的一部分。這種融入他者的感覺,讓我們感受到一種深刻的聯結和滿足,而這正是愛的奇蹟所在。無論是與愛人相伴,還是沉醉於創作的熱情中,亦或是在信仰中尋找到的慰藉,愛的奇蹟無處不在,只要我們願意開啟心靈去迎接。

「一個不滿足的女人才愛奢華,一個愛男人的女人會睡在地板上。」這句話道出了愛情的本質:在愛中尋求滿足比擁有物質更為重要。那些在他人身上尋找幸福的人,最大的挑戰莫過於選擇一位能夠回報他們愛情的伴侶。即便是不幸的愛情,亦曾經有過幸福的時光,只要能夠忘卻自我,這樣的時光便是珍貴的。

如同德・格里厄之於瑪儂,一個男人為心愛的女人犧牲一切,即使這女人曾經欺騙過他,他仍能從中感受到某種痛苦的快感。這種感受或許是因為愛的深沉與無私,甚至不惜付出一切代價。無保留的愛情,直至生命終結的愛,所能帶來的幸福,確實是人類所能體驗的極致幸福之一。

然而，愛一個脆弱的對象，無論是女人、孩子，還是國家，往往更容易受到傷害。那些熱烈愛著的人，易於成為命運的玩物。他們可能被命運磨難，即便再強壯，也難逃一劫；可能被命運挫折，即便再有權勢，也無法避免；可能被迫乞求庇佑，即便再勇敢，也難於承受。他們在命運的掌控之中，無法自拔。

一個愛人因病痛而感到的狂亂與煩躁，遠比自身的疾病或失敗所帶來的痛苦更為強烈。這是因為愛人並非病痛纏身，而是因愛的熱度而感到痛苦。這種痛苦甚至強烈萬倍，因為愛的力量讓他感到無能為力。他願意替代她承受一切，但疾病無情而專制，緊緊抓住它選中的犧牲者。因為自身未能承受這份苦難，他不禁覺得自己在不知不覺中欺騙了愛人，這是人類苦難中最殘酷的一種。

在愛中，痛苦與幸福交織，讓人無法自拔。愛人之苦，莫過於看到摯愛之人受苦，卻無能為力。這正是愛的矛盾：它給予人無限的幸福，也帶來深沉的痛苦。真正的愛，或許就是在這種不完美的幸福中，追尋到屬於自己的那一份心靈的滿足。

明智與衝突：人類本能與宗教的調和

在我們的生活中，禁欲派的明智究竟扮演著什麼角色？這種明智是否在於避免將自己的命運與他人連繫得過於緊密，以

幸福的永恆矛盾

至於過於脆弱呢?這似乎是一種矛盾的智慧。蒙田或許不願意將他人的事放在心上,但當那個人是他親愛的友人拉博埃西時,他也不免要承受痛苦。這種情感上的衝突是無法否認的,因為它確實存在。基督教的明智之所以比禁欲派更為深刻,正因為它承認這種衝突的存在。在這個世界上,唯一完滿的解決方法,或許就是將心靈寄託於絕對不變的事物之上。真正的宗教信仰者能夠獲得微妙而持久的幸福,正是因為他們能夠在這種絕對中找到安慰。

然而,人類的本能卻總是將我們與他人緊密相連。在真正的愛情中,這種連繫並非兒戲,明智不會因為這種愛而失去其價值。明智慧夠驅除那些虛妄的災禍和瘋狂的預測,讓人們不再輕信那些空洞的預言和不幸。現代人往往被各種主義和抽象的公式所毒害,以至於無法與真實的情感保持親密的接觸。相較之下,動物和粗獷的人似乎更為幸福,因為他們的願望和欲望更加真實。正如勞倫斯所言:「一頭母牛便是一頭母牛。」牠不會自以為是水牛或野牛。而文明人卻如同被自己的話語束縛的鸚鵡,總是陷入無謂的愛恨情仇中。

因此,真正的明智在於承認並接受這種衝突的存在,並在其中尋找平衡。我們需要學會調和本能與理智,才能在這個充滿矛盾的世界中找到屬於自己的幸福。這種調和或許並不容易,但它是通向內心平和與滿足的唯一道路。在這條道路上,

宗教和信仰可能為我們提供了重要的指引,幫助我們理解並接受這個複雜的世界。

在那充滿「幻想的不幸」的混沌中,藝術家往往比哲學家更能引導我們回歸現實的明朗。學者應當如同相對論者,於探索中尋求靈力的祕訣和近似的假設。而唯有神祕的領悟,無論是透過藝術、愛情,還是宗教,才能觸及事物的本質,帶來心靈的平和與自信,這才是真正的幸福之源。

當畫家凝視一幅風景,努力捕捉其美麗的精髓時,他的目光彷彿要穿透畫布,抓住全部的美。這種專注與投入帶給他絕對的幸福感。正如狄更斯在《聖誕頌歌》(*Cantique de Noël*)中所描繪的那位老人,他由自私與不幸中解脫,因為他開始愛上幾個人,這份愛使他擺脫了抽象的惡念,迎來了不可思議的幸福。

當我們在某個瞬間捕捉到宇宙神祕的統一性時,那渾噩的山崗、搖曳的樹叢、雲間的飛燕、窗下的蟲蟻,突然間成為我們生命的一部分,而我們的生命也融入了整個世界的生命中。這種迅速的直覺讓我們體會到宇宙的愛,不再僅僅是安於現狀的態度,而是達到了《歡樂頌歌》(*Ode to Joy*)所揭示的境界。

在這種境界中,我們感受到一種深刻的連結,這連結超越了日常的煩惱和困惑,讓我們與大自然的每一個細微之處產生共鳴。這種與宇宙的共鳴不僅是心靈的慰藉,更是智慧的啟

幸福的永恆矛盾

迪,讓我們在靜默中感悟到生命的真諦。藝術、愛與宗教的交融,正是通往這種境界的鑰匙,讓我們在喧囂的世界中找到那片刻的寧靜與永恆的幸福。

幸福的追尋:從尋找中獲得啟示

「你願知道幸福的祕密嗎?」這句話曾在倫敦《泰晤士報》的「苦悶欄」中引發了廣泛的關注。這是一個看似簡單卻深刻的問題,吸引了無數人寫信去尋求答案。每一位寫信者都收到了回信,信中引用了聖者瑪蒂安(Saint Matthias)的名言:「你要求罷,人家會給你;尋找罷,你會獲得;叩門罷,人家會來開啟。因為無論何人,要求必有所得,尋找必有所獲,而人家在你叩門時必開啟。」

這段話不僅僅是一種承諾,更是一種行動的召喚。它告訴我們,幸福並非遙不可及,而是取決於我們如何面對生活中的種種挑戰。古人也曾表達過類似的觀點,他們認為,即使在災禍散去之後,仍然有「希望」留存在心中。這種希望成為我們追求幸福的動力,驅使我們去愛、去尋找、去創造。

然而,這種追求並非適用於所有人。只有那些願意付出努力的人才能真正獲得幸福。求愛的人最終會得到愛,願意付出友誼的人會擁有朋友,而那些全心全意追求幸福的人最終也會

擁有幸福。這是一種因果關係，一種行動與結果之間的必然連繫。

回顧我們的少年時代，我們常常面臨著一些看似無解的問題。我們問：「在一切觀點上都值得愛慕的男人或女人，我怎麼能找到呢？我怎樣能找到一個毫無瑕疵的朋友值得我信任呢？在何種場合、何種技藝中才能遇到幸福？」這些問題看似無解，卻在我們的心中埋下了追尋的種子。

在這些問題中，我們學會了，幸福並不是一個固定的目標，而是一段不斷探索的旅程。這段旅程充滿了挑戰和機遇，需要我們不斷地尋找、叩問、探索。正是在這種不斷的追尋中，我們才會發現，幸福其實就在我們的手中，只要我們願意去尋找，去發現，去珍惜。我們所需要的，只是一顆勇敢而堅定的心。

我們不禁要問，真正的問題究竟是什麼？在這次深刻的反思中，我們希望能對這個問題有更清晰的理解。我們該如何尋找一個與我們同樣殘缺的人，一同在這變幻無常的宇宙中建立一個避風港？何種德性是難能而又必需的，能夠讓一個國家在不完美的制度下生存並發展？紀律能讓我們忘卻恐懼與遺憾，那麼我們的精力和時間應該投入到何種事業中去？我們能夠創造的幸福是什麼，又應該用什麼樣的愛來實現這種幸福？

在經歷了種種曲折之後，我們是否需要像貝多芬一樣，堅

持不懈地重複那圓滿的和音,將幸福的主題再一次闡述?人類的生活中,永續的平衡狀態似乎並不存在。信仰、智慧和藝術可以讓我們短暫地達到平衡,但隨之而來的,卻是世界的動盪和心靈的紛擾,摧毀了這種均衡。人類必須不斷地以同樣的方法努力攀登高峰,永遠不息。人生就是在這樣一個固定的中心點周圍循環往復,變幻不已。當我們確信這個中心點的存在時,那便是幸福的真諦。

分析最美的愛情,我們會發現,它其實是由無數細微的衝突構成的,然而這些衝突最終都依賴於忠誠的和解。同樣地,若將幸福拆解到最基本的元素,也會看到它是由抗爭與苦惱組成的,然而這些抗爭與苦惱總是被希望所救贖。我們在追求幸福的過程中,必須接受這樣的悖論:幸福並非完美無瑕,而是一種在不斷的抗爭和和解中綻放的瞬間。

因此,幸福並不是一個終點,而是一種持續的追尋。這種追尋讓我們在不完美的世界中找到意義,讓我們在不斷的挑戰中保持奮鬥的勇氣。唯有如此,我們才能在生活的交響樂中,找到屬於自己的和諧之音。

幸福的追尋：從尋找中獲得啟示

國家圖書館出版品預行編目資料

安德烈‧莫洛亞的情感與風俗（筆記版）：解讀婚姻、家庭、友誼與社會制度的真諦，塑造人類幸福的內心世界 / [法] 安德烈‧莫洛亞 著，伊莉莎 編譯. -- 第一版. -- 臺北市：複刻文化事業有限公司, 2024.12
面；　公分
POD 版
譯自：Sentiments et coutumes.
ISBN 978-626-7620-27-4(平裝)
1.CST: 成功法 2.CST: 幸福
177.2　　113019276

安德烈‧莫洛亞的情感與風俗（筆記版）：解讀婚姻、家庭、友誼與社會制度的真諦，塑造人類幸福的內心世界

作　　者：[法] 安德烈‧莫洛亞
編　　譯：伊莉莎
發 行 人：黃振庭
出 版 者：複刻文化事業有限公司
發 行 者：崧燁文化事業有限公司
E - m a i l：sonbookservice@gmail.com
粉 絲 頁：https://www.facebook.com/sonbookss/
網　　址：https://sonbook.net/
地　　址：台北市中正區重慶南路一段 61 號 8 樓
8F., No.61, Sec. 1, Chongqing S. Rd., Zhongzheng Dist., Taipei City 100, Taiwan
電　　話：(02) 2370-3310　　傳　　真：(02) 2388-1990
印　　刷：京峯數位服務有限公司
律師顧問：廣華律師事務所 張珮琦律師
定　　價：299 元
發行日期：2024 年 12 月第一版
◎本書以 POD 印製
Design Assets from Freepik.com